FORSCHUNGSBERICHTE DES LANDES NORDRHEIN-WESTFALEN

Nr. 2760/Fachgruppe Wirtschafts- und Sozialwissenschaften

Herausgegeben im Auftrage des Ministerpräsidenten Heinz Kühn
vom Minister für Wissenschaft und Forschung Johannes Rau

Prof. Dr. Winfried Stier
Seminar für Theoretische Wirtschaftslehre
Ruhr-Universität Bochum

Konstruktion und Einsatz von Digitalfiltern zur Analyse und Prognose ökonomischer Zeitreihen

Westdeutscher Verlag 1978

CIP-Kurztitelaufnahme der Deutschen Bibliothek

Stier, Winfried:
Konstruktion und Einsatz von Digitalfiltern zur Analyse und Prognose ökonomischer Zeitreihen. - 1. Aufl. - Opladen : Westdeutscher Verlag, 1978.
(Forschungsberichte des Landes Nordrhein-Westfalen ; Nr. 2760 : Fachgruppe Wirtschafts- u. Sozialwiss.)
ISBN 978-3-531-02760-9 ISBN 978-3-322-88602-6 (eBook)
DOI 10.1007/978-3-322-88602-6

Gesamtherstellung: Westdeutscher Verlag

ISBN 978-3-531-02760-9

Vorwort

Die vorliegende Arbeit ist ein Forschungsbericht über das vom Ministerium für Wissenschaft und Forschung des Landes Nordrhein-Westfalen in den Jahren 1975 - 77 unterstützte Projekt "Konstruktion und Einsatz von Digitalfiltern zur Analyse und Prognose ökonomischer Zeitreihen".

Der Bericht ist bewußt knapp gehalten, da zum einen eine vollständige Darstellung aller erarbeiteten Resultate den vom Ministerium gesteckten Umfang bei weitem überschritten hätte und zum anderen eine solche ausführliche Dokumentation an dieser Stelle nicht erforderlich ist, da über die wichtigsten Aspekte des Projektes separate Publikationen erfolgen. Außerdem waren manche Verfahren beim offiziellen Abschluß des Projektes noch nicht anwendungsreif.

Bisher sind vom Projektleiter folgende projektbezogene Arbeiten erschienen bzw. befinden sich im Druck:

Zur Diskussion der sog. "langen Konjunkturwellen" - einige statistische Bemerkungen, in: Wirtschaftsdienst (Dezember 1976).

Grundprobleme der Saisonbereinigung ökonomischer Zeitreihen, in: Jahrbücher für Nationalökonomie und Statistik, Bd. 192, Heft 3 - 4 (1977).

Über eine Klasse von einfachen FIR-Tiefpaß-Selektions-Filtern, in: Allgemeines statistisches Archiv, Heft 3, 1978.

Zur Verknüpfung von "Zeitbereichsanalyse" und "Frequenzbereichsanalyse" - ein Beitrag zur Zeitreihenanalyse, in: Mathematische Operationsforschung und Statistik, Ser. STATISTICS 9 (1978) Nr. 3.

In Vorbereitung befinden sich eine größere Arbeit von H. Schulte zum Problem der "langen Konjunkturwellen" ("Methodische Untersuchungen zum Problem langer Wellen"), die bis zum Sommer dieses Jahres abgeschlossen sein wird, sowie zwei Arbeiten des Projektleiters, welche die im vorliegenden Bericht skizzierten Verfahren zur Saisonbereinigung ökonomischer Zeitreihen ausführlich darstellt.

Mein besonderer Dank gilt Herrn Dipl.-Math. Heinrich Schulte, ohne dessen kritische Mitarbeit und engagiertem Einsatz das Forschungsprojekt nicht durchzuführen gewesen wäre.

Zu Dank verpflichtet bin ich auch Frau Ruth Eckert für die sorgfältige Erstellung eines reproduktionsfähigen Manuskriptes sowie Herrn Kollegen Prof. Dr. Arno Jaeger für seine großzügige Überlassung von "Schreibkapazität".

Bochum, im April 1978 Winfried Stier

Inhalt

1. Nicht-rekursive Filter

1.1. Grundbegriffe der Filtertheorie

Unter einem "Filter" versteht man einen Algorithmus zur Transformation einer Zeitreihe ("Signal"):

$$y(t) = F[x(t)],\ t=1,2,\dots T$$

Dabei ist x(t) die vorliegende Zeitreihe, y(t) die gefilterte Zeitreihe und T die Länge von x(t). Prinzipiell ist es dabei gleichgültig, ob dieses Signal als deterministisch oder als Realisation eines stochastischen Prozesses angesehen wird. Den theoretischen Hintergrund der hier darzustellenden Filter liefert die Theorie der diskreten, linearen, zeitinvarianten Systeme. (Vgl. dazu etwa FREEMAN, 9) Ein in der Systemtheorie wichtiges Testsignal ist die sog. "diskrete Impulsfunktion":

$$\delta(t) = \begin{cases} 0 & \text{für } t \neq 0 \\ 1 & \text{für } t=0 \end{cases}$$

Damit läßt sich jedes Signal x(t) in der Form darstellen:

$$x(t) = \sum_{k=-\infty}^{\infty} x(k)\,\delta(t-k)$$

Für das gefilterte Signal ergibt sich dann:

$$y(t) = F\Big[\sum_{k=-\infty}^{\infty} x(k)\,\delta(t-k)\Big]$$

$$= \sum_{k=-\infty}^{\infty} x(k)\,F[\delta(t-k)]$$

$$= \sum_{k=-\infty}^{\infty} x(k)\,h(t-k)$$

$$= \sum_{k=-\infty}^{\infty} h(k)\,x(t-k)$$

Dabei ist

$$h(t) := F[\delta(t)]$$

die sog. "Impuls-Antwortfunktion" des Filters F. Durch h(t) ist also der Filter F vollständig charakterisiert. Ist h(t) von endlicher Dauer, dann spricht man von einem "Finite-Impulse-Response"-Filter (FIR-Filter), bei nicht endlicher Dauer dagegen von einem "Infinite-Impulse-Response"-Filter (IIR-Filter) oder auch kurz von einem "rekursiven Filter" (Vgl. RABINER et al., 31).

Für Filter, die auf der Theorie der oben charakterisierten Systeme basieren, kann die sog. "Filtergleichung" (das ist die Relation zwischen Filter-Input und Filter-Output) in Form einer linearen Differenzengleichung mit konstanten Koeffizienten angegeben werden:

$$\sum_{k=0}^{M} a_k y(t-k) = \sum_{r=0}^{N} b_r x(t-r) \quad , \qquad N \neq M \text{ oder } N=M$$

mit $x(t) :=$ Filter-Input zum Zeitpunkt t
$y(t) :=$ Filter-Output zum Zeitpunkt t

Mit Hilfe der z-Transformation:

$$X(z) := Z\,[x(t)] = \sum_{t=-\infty}^{\infty} x(t) z^{-t} \quad , \quad z \in C$$

kann für obige Differenzengleichung geschrieben werden:

$$\sum_{k=0}^{M} a_k \, z^{-k} Y(z) = \sum_{r=0}^{N} b_r \, z^{-r} X(z)$$

Die Funktion

$$T(z) := \frac{Y(z)}{X(z)} = \frac{\sum_{r=0}^{N} b_r z^{-r}}{\sum_{k=0}^{M} a_k z^{-k}} \quad , \quad a_0 = 1$$

ist für Werte auf dem Einheitskreis, also für $z=e^{i\lambda}$, die sog. "Frequenz-Antwortfunktion" des obigen Filters. $T(e^{i\lambda})$ ist im allgemeinen eine komplexe Funktion mit der Periode 2π und ist deshalb in der Form

$$T(e^{i\lambda}) = |T(e^{i\lambda})| e^{i\varphi(\lambda)} \quad , \quad |\lambda| \leq \pi$$

darstellbar, wobei $|T(e^{i\lambda})|$ der Betrag und $\varphi(\lambda)$ die Phasenfunktion des Filters ist. An der Funktion $T(e^{i\lambda})$ (kurz: $T(\lambda)$) lassen sich relativ bequem die Ausblendeigenschaften eines konkreten Filters studieren. Umgekehrt können aber auch Filter so konstruiert werden, daß sie eine vorgegebene Frequenz-Antwortfunktion bzw. Transferfunktion (darunter wird das Betragsquadrat von $T(\lambda)$ verstanden [1]) "optimal" approximieren. Zur Lösung der anstehenden Approximationsprobleme können verschiedene Wege eingeschlagen werden, die sich u. a. auch dadurch unterscheiden, ob eine vorgegebene Transferfunktion mit Hilfe eines IIR-Filters, also rekursiv, oder mit Hilfe eines FIR-Filters, also nichtrekursiv, realisiert werden soll. Obwohl in vorliegender Arbeit rekursive Filter im Mittelpunkt stehen, soll auf FIR-Filter zu Beginn der Arbeit eingegangen werden, wobei zwei Konstruktionsprinzipien erläutert werden und die Frage untersucht wird, ob derartige Filter praktisch und theoretisch einen Gewinn für die Analyse von ökonomischen Zeitreihen darstellen.

1.2. Konstruktion von FIR-Filtern durch "windowing"

Als praktisch wichtig erweist sich die Konstruktion von sog. "Selektionsfiltern". Das sind Filter, deren Frequenz-Antwortfunktion in einem gewissen Frequenzintervall (oder in mehreren Intervallen) den Wert Eins einnehmen und sonst den Wert Null [2]. Auf solche Filter führen häufig substanzwissenschaftlich motivierte Problemstellungen, wie sie aus der Zeitreihenanalyse bekannt sind. Im Rahmen solcher Analysen tritt z. B. das Problem auf, gewisse "Komponenten" einer konkreten Zeitreihe zu schätzen. Dabei erfolgt die jeweilige inhaltliche Deutung dessen, was unter einer "Komponente" verstanden werden soll bzw. wie mehrere Komponenten gegeneinander adäquat abzugrenzen sind im Rahmen substanzwissenschaftlicher Erörterungen. So ist etwa die Schätzung der sog. "glatten Komponente" eine bekannte Problemstellung bei der Analyse von

1) Die beiden Begriffe werden in der Literatur nicht immer streng unterschieden, da es oftmals gleichgültig ist, welcher Begriff zugrunde gelegt wird. Auch in dieser Arbeit wird gelegentlich so verfahren.

2) Oder allgemeiner: Filter, deren Frequenz-Antwort bzw. Transferfunktion intervallweise konstant sind.

wirtschaftlichen Zeitreihen, wobei von der Vorstellung ausgegangen wird, daß diese Komponente die in der ökonomischen Realität sich vollziehenden Wachstums- und Konjunkturprozesse reflektiert. Leider reichen jedoch in der Regel derartige substanzwissenschaftliche Überlegungen nicht aus, um zu praktikablen Schätzverfahren zu gelangen, da sie meistens zu "unscharf" sind. Daher ist der Statistiker gezwungen, mit formalen Kriterien zu arbeiten, die es ihm gestatten, operable Komponenten-Definitionen einzuführen, die zu realisierbaren Schätzverfahren führen, wobei natürlich zu fordern ist, daß diese Definitionen auch ökonomisch sinnvoll sind und sich möglichst mit dem decken, was dem Wirtschaftstheoretiker vorschwebt.

Da es sich auch für wirtschaftliche Zeitreihen als zweckmäßig erwiesen hat, sie als Realisationen von stochastischen Prozessen zu betrachten und die Analysen nicht nur im Zeitbereich, sondern auch im Frequenzbereich durchzuführen, erscheint für die in vorliegender Abhandlung interessierende Problemstellung "Schätzen der glatten Komponente einer ökonomischen Zeitreihe" als formales Definitionskriterium der relevanten Komponente eine adäquate Zerlegung des Frequenzintervalls $[0,\pi]$ in zwei diskunkte Intervalle $I_1=[0,\lambda^*]$, $I_2=(\lambda^*\ \pi]$ sinnvoll. Dabei sind alle Komponenten, die dem Intervall $(\lambda^*,\pi]$ zuzuordnen sind, als "nicht-glatt" zu bezeichnen. Allerdings ist eine solche Zerlegung nicht eindeutig, da a priori nicht feststeht, wie λ^* zu wählen ist. Aus ökonomischen Gründen muß λ^* größer als Null sein, da die glatte Komponente auch konjunkturell bedingte Schwingungen umfassen soll und kleiner als $\frac{2\pi}{12}$, da saisonale Schwankungen in einer Zeitreihe ex definitione nicht zu den langfristigen, durch Wachstums- und Konjunkturprozesse hervorgerufenen Bewegungen einer wirtschaftlichen Zeitreihe zu zählen sind. Um zu einer eindeutigen Definition der glatten Komponente im Frequenzbereich zu gelangen, muß also jeweils ein $\lambda^*\varepsilon(0,\frac{2\pi}{12})$ festgelegt werden. Anstatt die glatte Komponente im Frequenzbereich zu definieren, kann jedoch auch eine Definition im Zeitbereich vorgenommen werden. Dabei wird üblicherweise angenommen, daß diese Komponente innerhalb eines Bereiches, dessen Länge vorzugeben ist, durch Funktionen aus einem linearen Raum approximiert werden kann, wobei vorzugsweise Polynome Verwendung finden, deren Grad ebenfalls vorzugeben ist. Damit ist dann eindeutig definiert, was unter einer glatten Komponente zu verstehen ist. Bei diesem Ansatz werden somit ganz bestimmte Trajektorieneigenschaften für die glatte Komponente einer wirtschaftlichen Zeitreihe unterstellt, die letzten Endes auf die Hypothese hinauslaufen, man könne diese Trajektorie durch einen geschlossenen mathematischen Ausdruck darstellen. Dies ist sicher eine sehr restriktive Hypothese. Allerdings hat sie den Vorzug, daß die so definierte glatte Komponente durch eine lineare erwartungstreue Schätzfunktion mit minimaler Varianz ermittelt werden kann, wobei diese Schätzfunktion relativ einfach in Form von gleitenden Durchschnitten darstellbar ist. (Für Einzelheiten siehe WEICHSELBERGER, 40)

Ist man nun aber der Auffassung, daß eine derartige Hypothese für eine vorliegende Zeitreihe unzweckmäßig oder zu eng ist, dann muß ein anderer Ansatz gewählt werden. Im folgenden soll ein entsprechendes Schätzverfahren diskutiert werden, dessen theoretische Basis im Frequenzbereich formuliert ist. An die Stelle von "Erwartungstreue" und "minimaler Varianz" treten dabei andere Optimalitätskriterien, die aus der Theorie des "filter-designs" stammen.

Das eben spezifizierte Problem der Ermittlung der glatten Komponente einer ökonomischen Zeitreihe erfordert einen Selektionsfilter in Form eines "Tiefpasses". Für einen "idealen" Tiefpaß gilt

$$T^*(\lambda) = \begin{cases} 1 \text{ für } |\lambda| < \lambda_A \\ 0 \text{ für } \lambda_A < |\lambda| \leqq \pi \end{cases} \quad ^{1)}$$

Dabei ist λ_A die sog. "Abschneidefrequenz" des Filters ("cut-off"-frequency). Sie ist für die vorliegende Problemstellung identisch mit der oben erwähnten Frequenz λ^*.

1) Für diesen Filter sind Frequenz-Antwortfunktion und Transferfunktion identisch.

Die Konstruktion eines Tiefpaßfilters ist nun auf verschiedene Arten möglich. Gilt für die Koeffizienten im Nenner der Funktion H(z)

$$a_k = \begin{cases} 1 & \text{für } k=0 \\ 0 & \text{"} \quad k \neq 0 \end{cases}$$

dann lautet die entsprechende Filtergleichung

$$y(t) = b_0 x(t) + b_1 x(t-1) + \ldots + b_N x(t-N+1)$$

d. h. der Filter-Output zum Zeitpunkt t hängt von den Werten des Filter-Inputs zum Zeitpunkt t und den vorangegangenen Zeitpunkten t-1,...,t-N+1 ab. Ein solcher Filter heißt "nicht rekursiv" oder auch "Transversalfilter". Für einen "rekursiven" Filter dagegen lautet die Filtergleichung

$$y(t) = a_1 y(t-1) t \ldots + a_M y(t-M) + b_0 x(t) \ldots + b_N x(t-N+1)$$

d. h. der Filter-Output zum Zeitpunkt t hängt auch vom Filter-Output der Zeitpunkte t-1,...,t-M ab. [1] (Vgl. RADER, 32) Die hier zu diskutierende Klasse von Tiefpaßfilter sollen als Transversalfilter implementiert werden. Das hat zur Folge, daß diese Filter FIR-Filter sein müssen, da ja in praxi N, d.h. also die Filterlänge, immer nur endlich sein kann.

Für einen transversalen FIR-Filter der Länge N kann also geschrieben werden

$$T(\lambda) = \sum_{r=0}^{N-1} b_r e^{-ir\lambda} \quad , \qquad |\lambda| < \pi$$

und

$$y(t) = \sum_{r=0}^{N-1} b_r \, x(t-r) \quad .$$

---

1) Bei einem Transversalfilter hat H(z) offensichtlich nur Pole für z=0, bei einem rekursiven Filter existieren dagegen auch Pole für $z \neq 0$.

Andererseits gilt

$$y(t) = \sum_{k=0}^{\infty} h(k)x(t-k)$$

wenn der Einfachheit halber von einem "kausalen" Filter ausgegangen wird, für den gilt

$$h(k) = 0 \text{ für } k<0$$ [1].

Dabei ist h(k) die Impuls-Antwortfunktion des zu konstruierenden Tiefpaßfilters. Aus den letzten beiden Ausdrücken ergeben sich folgende Beziehungen zwischen den b_r und den h(k):

$$b_0 = h(0) \quad , \; b_1 = h(1), \ldots, b_{N-1} = h(N-1)$$

$$b_N = h(N) = 0 \; , \; b_{N+1} = h(N+1) = 0, \ldots$$

Somit kann für die Filtergleichung geschrieben werden

$$y(t) = \sum_{k=0}^{N-1} h(k)x(t-k) \quad .$$

Die N unbekannten Koeffizienten der Filtergleichung sind also identisch mit den N ersten Gliedern der Impuls-Antwortfunktion des Filters. Diese läßt sich relativ einfach mit Hilfe der Theorie der Fourier-Reihen bestimmen:

Da $T(\lambda)$ eine periodische Funktion in λ ist mit der Periode 2π, kann sie formal in eine unendliche Fourier-Reihe entwickelt werden:

$$T(\lambda) = \sum_{k=-\infty}^{\infty} \alpha(k)e^{-i\lambda k} \quad , \quad |\lambda|<\pi$$ [2]

1) Diese Annahme wird hier getroffen, da die Filtergleichung in nicht-symmetrischer Form vorliegt. Die nachfolgenden Ableitungen sind jedoch davon unabhängig. In den Simulationsstudien wird die Kausalitätsbedingung wieder aufgegeben.

2) Zur Theorie der Fourier-Reihen vgl. etwa: KNOPP, 18.

Für die Fourier-Koeffizienten $\alpha(k)$ gilt:

$$\alpha(k) = \frac{1}{2\pi} \int_{-\pi}^{\pi} T(\lambda)\, e^{i\lambda k}, \quad k=0,\pm 1,\pm 2,...$$

Da aber außerdem gilt:

$$T(\lambda) = \sum_{r=0}^{N-1} b_r\, e^{-ir\lambda} \quad , \quad |\lambda|<\pi$$

folgt mit den obigen Identitäten:

$$h(0) = \alpha(0) \ , \ h(1) = \alpha(1),...,h(N-1) = \alpha(N-1)$$

Die ersten N Fourier-Koeffizienten von $T(\lambda)$ stellen somit die Impuls-Antwortfunktion des FIR-Filters dar.

Für einen idealen Tiefpaß ergeben sich für die Filter-Koeffizienten $h(k)$:

$$h(k) = \frac{1}{2\pi} \int_{-\lambda_A}^{\lambda_A} e^{i\lambda k} \ , \ k = 0,\pm 1,\pm 2,...$$

$$= \frac{\sin \lambda_A k}{\pi k} \quad , \ k = \pm 1, \pm 2,...$$

$$= \frac{\sin 2\pi f_A k}{\pi k} \quad , \ k = \pm 1, \pm 2,...$$

mit $f_A := 2\pi\lambda_A$

und $h(0) = 2f_A$

Ein idealer Tiefpaßfilter ist somit eigentlich ein IRR-Filter. Da aber hier ein Tiefpaßfilter als Transversalfilter implementiert werden soll, der nur als FIR-Filter realisierbar ist, können nur N Koeffizienten $h(k)$ berücksichtigt werden. Dies ist gleichbedeutend damit, daß die Transferfunktion dieses Filters nicht ideale Rechteckgestalt aufweist, da ihre unendliche Fourier-Reihe nach N Gliedern abgebrochen wird. Aus der Theorie der Fourier-Reihen ist bekannt (Vgl. etwa BARY, 3), daß ein solches Vorgehen äquivalent ist mit einer Approximation der idealen Transferfunktion im Sinne des folgenden Optimalitätskriteriums:

$$\frac{1}{2\pi} \int_{-\pi}^{\pi} [T(\lambda)-T^*(\lambda)]^2 d\lambda = \text{Min!}$$

Ein so konstruierter Tiefpaßfilter ist also "optimal" in dem Sinne, daß dieses im Frequenzbereich formulierte Optimalitätskriterium des "minimalen mittleren quadratischen Approximationsfehlers" erfüllt ist.

Die Ersetzung einer unendlichen Fourier-Reihe durch ihre Partialsumme der Länge N kann formal durch Einführung einer sog. "Gewichts"- oder "Fenster"-Funktion mit den Eigenschaften

$$w_R(k) = \begin{cases} 1 \text{ für } k = 0,1,2,\dots N-1 \\ 0 \text{ für } K > N-1 \end{cases}$$

dargestellt werden. Für die Filter-Koeffizienten läßt sich damit schreiben

$$h_R(k) = h(k)\, w_R(k)$$

und der entsprechende Filter soll als "Rechteck"-Filter bezeichnet werden. Die realisierte Transferfunktion läßt sich dann als Faltungsintegral darstellen

$$T_R(\lambda) = \frac{1}{2\pi} \int_{-\pi}^{\pi} T^*(\lambda) W_R(\lambda-\theta)\, d\theta$$

$$= \frac{1}{2\pi} \int_{-\lambda_A}^{\lambda_A} W_R(\lambda-\theta)\, d\theta$$

wobei $W_R(\lambda-\theta) = \frac{\sin (\lambda-\theta) N/2}{\sin (\lambda-\theta)/2}$

die Fouriertransformierte der Fensterfunktion $w_R(k)$ ist. [1)]

1.2.1. Ein Simulationsbeispiel

Die Wirkung eines solchen Tiefpaßfilters soll nun an einer simulierten Zeitreihe demonstriert werden. Diese Zeitreihe wurde wie folgt erzeugt:

$$X(t) = 100+0{,}001t^3-0{,}1t^2+0{,}5t+200\sin 0{,}06\pi t+\varepsilon(t)$$

mit $\varepsilon(t) \sim N(0;50)$

Die glatte Komponente dieser Reihe setzt sich also additiv aus einem Polynom dritter Ordnung und einer niederfrequenten Schwingung zusammen. Diesem "Signal", das hier als nichtstochastisch angenommen wird, ist ein unkorrelierter Zufallsprozeß ("weißes Rauschen") überlagert.

In Abb. 1 [2)] sind sowohl die Originalreihe als auch die ausgefilterte glatte Komponente wiedergegeben. Verwendet wurde ein symmetrischer Tiefpaßfilter mit $f_A = 0{,}05$ und $N = 23$, so daß Phasenbetrachtungen außer acht bleiben können. Die Güte der Schätzergebnisse wurde mit Hilfe des Ungleichheitskoeffizienten von Theil gemessen [3)]. Bei diesem Filter fällt auf, daß er offensichtlich nicht in der Lage ist, den in der Reihe vorhandenen starken Trend zu erfassen. Der Trend

---

1) Dies sind bekannte Zusammenhänge aus der Theorie der Fourier-Reihen. $W_R(\lambda)$ ist dort als "Dirichlet-Kern" bekannt.

2) Alle Abbildungen dieses Berichtes befinden sich im Anhang.

3) $$TH = \frac{[\sum_t (G_t-\hat{G}_t)^2]^{1/2}}{[\sum_t G_t^2]^{1/2}+[\sum_t \hat{G}_t^2]^{1/2}}, \quad 0<TH<1$$

G_t = theoretische glatte Komponente von $X(t)$

$\hat{G}_t$ = ausgefilterte glatte Komponente von $X(t)$

wird systematisch unterschätzt und zwar zunehmend mit größer werdendem t. Der Grund für diesen "bias" kann leicht ermittelt werden. Er ist in einer Eigenschaft der Transferfunktion des Rechteck-Filters an der Stelle $\lambda=0$ zu suchen.

Für die ideale Transferfunktion $T^*(\lambda)$ gilt:

$$T^*(\lambda)\Big|_{\lambda=0} = \sum_{k=-\infty}^{\infty} h(k) = 1$$

da $T^*(\lambda)$ die Dirichletschen Bedingungen (zu diesen Bedingungen vgl. LANCZOS, 21) für die Konvergenz einer Fourier-Reihe erfüllt. Ein in der Reihe vorhandener Trend wird somit vollständig durch den idealen Tiefpaßfilter erfaßt. Beim Rechteckfilter dagegen ist dies im allgemeinen nicht mehr der Fall, da seiner Transferfunktion nur eine endliche Fourier-Reihe zugeordnet ist. Deshalb erweist es sich für die Analyse von ökonomischen Zeitreihen als unumgänglich, die Filterkoeffizienten auf die Summe Eins zu normieren. Abb. 2 zeigt, daß damit einc systematische Unterschätzung des Trends vermieden wird. Auch mit Normierung weist der Rechteckfilter noch einige Eigenschaften auf, die u. U. für praktische Zwecke nachteilig sind:

Die realisierte Transferfunktion $T_R(\lambda)$ stellt einen "integralen Durchschnitt" aus der Fuktion $W_R(\lambda)$ und der idealen Transferfunktion $T^*(\lambda)$ dar. $W_R(\lambda)$ weist aber außer dem Hauptmaximum an der Stelle $\lambda = 0$ noch mehrere Nebenmaxima bzw. Nebenminima ("side-lobes") auf. Das hat zur Folge, daß der Rechteckfilter möglicherweise Komponenten miterfaßt (wenn auch nur unvollständig), die frequenzmäßig dem Sperrbereich $\lambda_A < |\lambda| \leqq \pi$ zuzuordnen sind ("Filter-leakage"), da sich diese "side-lobes" auch in $T_R(\lambda)$ wiederfinden. Außerdem konvergiert die Transferfunktion des Rechteckfilters an den Stellen $\lambda = \pm\lambda_A$ nicht gleichmäßig gegen die ideale Transferfunktion, da diese dort unstetig ist. Gemäß den Dirichletschen Bedingungen konvergiert sie dort gegen den Wert 0,5 und nicht gegen den Wert 1. Aufgrund dieser Unstetigkeiten läßt sich u. U.

das aus der Theorie der Fourier-Reihen bekannte Gibbsche Phänomen beobachten (Vgl. dazu KNOPP, 18): $T_R(\lambda)$ verläuft oszillatorisch um $T^*(\lambda)$, wobei die Amplitude dieser Oszillation auch mit zunehmender Filterlänge N nicht abnimmt. In Abb. 3 ist dies für N = 99 und f_A = 0,05 veranschaulicht [1].

Tiefpaßfilter, welche diese Nachteile nicht oder nur sehr abgeschwächt aufweisen, lassen sich nun auf zweierlei Arten erzielen. Die Ursache für das Auftreten von ausgeprägten "sidelobes" bei $T_2(\lambda)$ liegt nicht nur daran, daß diese primär bei $W_R(\lambda)$ auftreten, sondern auch daran, daß der Übergang vom Durchlaß- zum Sperrbereich bei der idealen Transferfunktion $T^*(\lambda)$ abrupt erfolgt. Statt dessen könnte man aber auch einen "glatteren" Übergangsbereich definieren, etwa so, daß die ideale Transferfunktion nicht mehr Rechteck- sondern Trapezgestalt aufweist. Dann ist die Transferfunktion nicht mehr unstetig an den Stellen $\lambda = \pm \lambda_A$. Wichtige Filter dieses Typs sind die sog. "Ormsby"-Filter. (Vgl. ORMSBY, 26) Eine andere Möglichkeit besteht darin, statt eines Rechteckfensters andere Fensterfunktionen einzuführen. Wie aus der Theorie der Fourier-Reihen bekannt ist, hat das zur Folge, daß dadurch die Konvergenzeigenschaften der realisierten Transferfunktionen an den Unstetigkeitsstellen wesentlich verbessert werden. Diese Möglichkeit soll im folgenden betrachtet werden. Prinzipiell können hier alle Fenster Verwendung finden, deren Einsatz auch in der Spektralanalyse stationärer stochastischer Prozesse üblich ist. (Eine ausführliche Darstellung derartiger Fenster findet sich z. B. bei PARZEN, 28)

---

1) Wie man zeigen kann, treten diese Oszillationen nur dann auf, wenn bei gegebenem kleinen λ_A die Filterlänge N entsprechend groß ist bzw. bei gegebener kleiner Filterlänge N die Abschneidefrequenz λ_A entsprechend groß ist.

Für vorliegende Simulationsstudie wurden folgende Fenster benutzt:

1. Bartlett-Fenster [1]:

$$w_B(k) = 1 - \frac{2|k|}{N-1} \; , \quad |k| \leqq \frac{N-1}{2}$$ [2]

2. Hamming-Fenster:

$$w_{HAM}(k) = 0{,}54+0{,}46 \cos \frac{2\pi k}{N-1} \; , \quad |k| \leqq \frac{N-1}{2}$$

3. Hanning-Fenster:

$$w_{HAN}(k) = 0{,}5+0{,}5 \cos \frac{2\pi k}{N-1} \; , \quad |k| \leqq \frac{N-1}{2}$$

4. Blackmann-Fenster:

$$w_{BL}(k) = 0{,}42+0{,}5 \cos \frac{2\pi k}{N-1} + 0{,}08 \cos \frac{4\pi k}{N-1} \; , \quad |k| \leqq \frac{N-1}{2}$$

5. Parzen-Fenster [3]:

$$w_p(k) = \begin{cases} 1 - 6 \left(\frac{2\ k}{N-1}\right)^2 + 6 \left(\frac{2|k|}{N-1}\right)^3 \; , & 0 \leqq |k| \leqq \frac{N-1}{4} \; , \\ 2 \left(1 - \frac{2|k|}{N-1}\right)^3 \; , & \frac{N-1}{4} < |k| \leqq \frac{N-1}{2} \end{cases}$$

---

1) Dieses Fenster geht eigentlich auf Fejér zurück (Vgl. FEJÉR, 7)

2) Aus naheliegenden Gründen wird hier immer eine ungerade Filterlänge gewählt.

3) Dieses Fenster geht eigentlich auf Jackson und de la Vallée-Poussin zurück. (Vgl. ACHIESER, 1)

Ein weiteres Fenster, das bisher in der Spektralanalyse nicht verwendet wurde ist das

6. Kaiser-Fenster (Vgl. KAISER, 16):

$$w_K(k) = \frac{I_0(\beta\sqrt{1-(\frac{2k}{N-1})^2}}{I_0(\beta)} \quad , \ |k| \leqq \frac{N-1}{2}$$

Dabei ist $I_0(x)$ eine modifizierte Besselfunktion erster Art und nullter Ordnung. Dieses Fenster ist "optimal" in dem Sinn, daß sein "Hauptfenster" ("main-lobe") 1) für eine vorgegebene maximale "side-lobe"-Amplitude den größten Teil der Gesamtfläche des Fensters enthält. Dabei ist $2 < \beta < 10$ ein Parameter mit Hilfe dessen ein "trade-off" zwischen der "Breite" des Hauptfensters und der maximalen "side-lobe"-Amplitude vorgenommen werden kann.

Die Abb. 4 zeigt beispielhaft die Originalreihe und mit Hilfe des Kaiser-Filters geschätzte glatte Komponente 2).

Die Koeffizienten dieses Filters lauten:

h(1) = -0.00001 = h(23)	h(7) = 0.03358 = h(17)
h(2) = 0.0 = h(22)	h(8) = 0.05632 = h(16)
h(3) = 0.00042 = h(21)	h(9) = 0.08270 = h(15)
h(4) = 0.00225 = h(20)	h(10) = 0.10790 = h(14)
h(5) = 0.00714 = h(19)	h(11) = 0.12616 = h(13)
h(6) = 0.01711 = h(18)	h(12) = 0.13285 = h(12)

---

1) Darunter ist der symmetrisch um k = 0 liegende Teil des Fensters bis zu seiner ersten Nullstelle zu verstehen.

2) Auf eine Wiedergabe der Grafiken der mit den anderen Fenstern erzielten Ergebnisse sei hier aus Platzgründen verzichtet, da sich diese optisch kaum von obiger Grafik unterscheiden. Wie beim Rechteckfilter ist auch bei den Fenster-Filtern eine Normierung der Filter-Koeffizienten auf die Summe Eins vorgenommen worden.

Die nachstehende Tabelle enthält die Theilschen Ungleichheitskoeffizienten für alle sieben "Fenster"-Filter:

Filter	Ungleichheitskoeffizienten von Theil
Rechteck	0,01311
Bartlett	0,00986
Hamming	0,00954
Hanning	0,00920
Blackmann	0,00826
Parzen	0,00787
Kaiser (ß=9)	0,00817

Offensichtlich werden durch die Einführung von nicht-rechteckigen Fensterfunktionen beträchtlich bessere Schätzergebnisse gegenüber dem Rechteckfilter erzielt. Weitere hier nicht wiedergegebene Simulationsstudien zeigen, daß wie in der Spektralanalyse von einer "besten" Fensterfunktion im allgemeinen nicht gesprochen werden kann.

1.2.2. Ein praktisches Beispiel

Schließlich sei hier noch der Einsatz von FIR-Filtern an einem praktischen Beispiel, dem "Index der industriellen Nettoproduktion, gesamte Industrie" (Dezember 1962 - Januar 1975), demonstriert. Verwendet man z. B. einen Parzen-Filter ($N = 23$, $f_A = 0{,}05$) mit den Gewichten:

$h(1) = 0{,}0 = h(23)$ $\quad$ $h(7) = 0{,}02924 = h(17)$
$h(2) = 0{,}0 = h(22)$ $\quad$ $h(8) = 0{,}05316 = h(16)$
$h(3) = 0{,}00019 = h(21)$ $\quad$ $h(9) = 0{,}08225 = h(15)$
$h(4) = 0{,}00135 = h(20)$ $\quad$ $h(10) = 0{,}11117 = h(14)$
$h(5) = 0{,}00502 = h(19)$ $\quad$ $h(11) = 0{,}13325 = h(13)$
$h(6) = 0{,}01344 = h(18)$ $\quad$ $h(12) = 0{,}14186 = h(12)$

so fällt bei der geschätzten glatten Komponente dieser Reihe auf, daß diese einen, wenn auch nur schwach ausgeprägten zyklischen Verlauf zeigt (s. Abb. 5). Der Grund dafür ist darin zu suchen, daß die Transferfunktion dieses FIR-Filters bei der ersten saisonalen Frequenz $f = 0{,}083$ hinsichtlich ihrer Dämpfungseigenschaften unbefriedigend verläuft (Vgl. Abb. 6). Dieser Filter ist deshalb für Monatsdaten mit ausgeprägter saisonaler Variation nicht verwendbar, dagegen ohne weiteres für Quartals-, Halbjahres- und Jahresdaten.

Der Filter könnte nun dadurch verbessert werden, daß eine größere Filterlänge gewählt wird. Da aber damit unvermeidlich weitere Reihenwerte verlorengehen, ist ein solches Verfahren wohl kaum zu empfehlen. Zweckmäßiger ist es, einen anderen Filter zu verwenden, etwa einen aus der Klasse der Kaiser-Filter. Da bei ihnen über einen weiteren Parameter verfügt werden kann, nämlich β, zeichnen sich diese Filter durch eine gewisse Flexibilität aus. Wählt man z. B. $\beta \approx 2$ (aber $\beta > 2$), dann ergeben sich die Gewichte (wieder mit $N = 23$, $f_A = 0{,}05$):

h(1) =	-0.004 = h(23)	h(7) =	0.052 = h(17)
h(2) =	0.0 = h(22)	h(8) =	0.065 = h(16)
h(3) =	0.006 = h(21)	h(9) =	0.077 = h(15)
h(4) =	0.015 = h(20)	h(10) =	0.086 = h(14)
h(5) =	0.026 = h(19)	h(11) =	0.092 = h(13)
h(6) =	0.038 = h(18)	h(12) =	0.094 = h(12)

und die Transferfunktion Abb. 7, die den oben erwähnten Nachteil des Parzen-Filters nicht hat und deshalb auch für Reihen mit Monatswerten verwenbar ist, wie aus Abb. 8 deutlich wird.

1.2.3 Ein Vergleich mit einfachen gleitenden Durchschnitten

In der elementaren Zeitreihenanalyse werden zur Bestimmung der glatten Komponenten einer Zeitreihe häufig einfache gleitende Durchschnitte verwendet. Die Filterkoeffizienten eines solchen gleitenden Durchschnittsfilters sind

$$h(k) = \frac{1}{N} \quad , \quad |k| < \frac{N-1}{2}$$

Für die Simulationsreihe ergibt sich Abb. 9 mit einem Theilschen Ungleichheitskoeffizienten von 0,03547, der also wesentlich größer ist als die entsprechenden Koeffizienten der "Fenster"-Filter und damit eine merklich schlechtere Schätzung der glatten Komponente als mit jenen Filtern anzeigt. In der Tat ermittelt dieser Filter die glatte Komponente als zu "glatt". Trotz dieser seit langem bekannten Eigenschaft dieses Filters, werden auch heute noch einfache gleitende Durchschnitte z. B. bei Saisonbereinigungsverfahren eingesetzt, obwohl dadurch zyklische Prozesse konjunktureller Provenienz entweder völlig ausgefiltert oder ihre Amplitude zumindest so stark abgeschliffen werden, daß sie praktisch nicht mehr in Erscheinung treten. Das ist insbesondere dann der Fall, wenn solche Durchschnitte mehrfach angewendet werden, wie etwa beim weit verbreiteten Census X-11-Verfahren. Es ist in diesem Zusammenhang überhaupt kritisch zu fragen, ob die Vorstellung, daß die dem Niederfrequenzbereich zuzuordnenden Komponenten einer ökonomischen Zeitreihe "glatt" verlaufen, also durch Polynome niedriger Ordnung approximierbar seien, historisch ihre Wurzel nicht im praktisch ausschließlichen Gebrauch von einfachen gleitenden Durchschnitten hat. Diese Vorstellung aber ist bis heute eine wichtige Grundlage für die meisten praktizierenden Saisonbereinigungsverfahren. Auf diese interessanten Zusammenhänge kann jedoch erst in 3.3. eingegangen werden.

Der Grund dafür, daß einfache gleitende Durchschnitte im allgemeinen "schlechte" Tiefpaßfilter sind, läßt sich leicht an ihrer Transferfunktion erkennen. Für einen symmetrischen gleitenden Durchschnitt lautet diese:

$$T_{GD}(\lambda) = \frac{\sin(\lambda N/2)}{N \sin(\lambda/2)} \quad , \qquad |\lambda| < \pi$$

Daraus folgt

$$\lim_{N\to\infty} T_{GD}(\lambda) = \begin{cases} 0 \text{ für } \lambda \neq 0 \\ 1 \text{ für } \lambda = 0 \end{cases}$$

(Vgl. KOOPMANS, 19) d. h. diese Transferfunktion konvergiert punktweise gegen die diskrete Impuls-Antwortfunktion. Diese stellt die ideale Transferfunktion eines Filters dar für Komponenten einer Zeitreihe, deren spektrale Masse ausschließlich in der Frequenz $\lambda = 0$ konzentriert ist. Dies ist z. B. dann der Fall, wenn eine Zeitreihe nur einen Trend aufweist, aber sonst keinerlei niederfrequenten oszillatorischen Komponenten. Hieraus folgt, daß einfache gleitende Durchschnitte nur in diesem Spezialfall als adäquate Tiefpaßfilter anzusehen sind. Da sich in ökonomischen Zeitreihen in der Regel aber auch der Einfluß konjunktureller Prozesse widerspiegelt, ist davon auszugehen, daß dieser Spezialfall wohl relativ selten auftritt, z. B. etwa bei Reihen mit Jahreswerten, die zu kurz sind um mehrere Konjunkturzyklen zu umfassen. Anders verhalten sich dagegen die Transferfunktionen derjenigen Filter, die einerseits auf dem Optimalprinzip eines minimalen "mittleren quadratischen Fehlers" beruhen und andererseits durch Normierung und Einführung von Fensterfunktionen ("windowing") ihre endgültige Gestalt gewinnen. Sie konvergieren [1] mit zunehmender Filterlänge N gegen die intendierte Transferfunktion. Praktisch ist bei diesem Vergleich allerdings eine Einschränkung zu machen für kleine Filterlängen, da sich dabei die Schätzergebnisse bei Verwendung von einfachen gleitenden Durchschnitten von denen der Fensterfilter numerisch u. U. nur unwesentlich unterscheiden. Die Situation ist vergleichbar mit dem Konzept einer konsistenten Schätzfunktion in der Statistik. Bekanntlich ergeben sich hierbei im Vergleich zu inkonsistenten Schätzfunktionen bei kleinen Stichprobenumfängen meistens numerisch keine wesentlichen Unterschiede. Trotzdem verzichtet man bei Schätzfunktionen aus guten Gründen nicht auf die asymptotische Eigenschaft der Konsistenz.

---

1) Da $\{\frac{1}{\sqrt{2\pi}} e^{i\lambda k}, k = 0, \pm 1, \pm 2, \ldots\}$ eine Hilbertbasis im L^2 darstellt, liegt für die Transferfunktionen der Rechteckfilter für $N \to \infty$ Konvergenz im quadratischen Mittel gegen die ideale Transferfunktion vor. Das gilt auch für die anderen Filter, da die zugehörigen Fensterfunktionen für $N \to \infty$ punktweise gegen das Rechteckfenster konvergieren.

Es sei noch bemerkt, daß sich durch "windowing" nicht nur Tiefpaßfilter, sondern auch Bandpaßfilter, Bandsperren usw. sowie andere Selektionsfilter in der Regel genau so einfach konstruieren lassen, was offensichtlich mit einfachen gleitenden Durchschnitten nicht möglich ist. Voraussetzung ist nur, daß sich das einschlägige Integral zur Bestimmung der Filter-Koeffizienten geschlossen lösen läßt.

1.3. Optimale FIR-Filter

Außer der oben besprochenen Konstruktion von FIR-Filtern mit Hilfe von Fensterfunktionen, sind noch andere Konstruktionsprinzipien denkbar, die hier kurz angedeutet werden sollen. Kurz deswegen, weil es sehr zweifelhaft erscheint, ob so konstruierte Filter von praktischem Wert für die Analyse ökonomischer Zeitreihen sind.

Für die Frequenz-Antwortfunktion eines FIR-Filters mit Nullphase:

$$T(\lambda) = \sum_{k=-M}^{M} h(k) e^{-i\lambda k}$$

wobei die Dauer der Impulsantwortfunktion 2M+1 Zeiteinheiten beträgt, kann geschrieben werden:

$$T(\lambda) = h(o) + 2 \sum_{k=1}^{M} h(k) \cos \lambda k$$

da gilt

$$h(k) = h(-k) \quad .$$

Es soll nun ein Tiefpaßfilter konstruiert werden mit folgender Spezifikation:

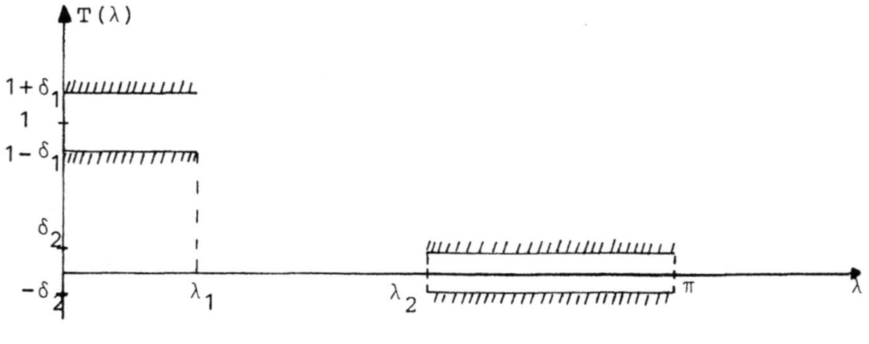

d. h. im Paßband $0 \leq \lambda \leq \lambda_1$ soll die ideale Transferfunktion (die dort den Wert Eins annimmt) mit einem maximalen Fehler von δ_1 approximiert werden und im Stoppband $\lambda_2 \leq \lambda \leq \pi$ mit einem maximalen Fehler von δ_2 (idealer Wert:

Null). Das Übergangsband (λ_1, λ_2) bleibt unspezifiziert [1].

Die Parameter M, δ_1, δ_2, λ_1 und λ_2 können nicht unabhängig voneinander festgelegt werden. Beim Konstruktionsverfahren von (HERMANN-SCHUESSLER, 14) können M, δ_1 und δ_2 festgelegt werden, eine a priori-Kontrolle über die praktisch oft wichtigen Parameter λ_1 und λ_2 ist also nicht möglich. Dagegen ist z. B. bei dem Verfahren von (PARKS-McCLELLAN, 27) die Möglichkeit gegeben, neben M auch λ_1 und λ_2 festzulegen. Für die maximalen Fehler δ_1 und δ_2 sind dann allerdings im Allgemeinen keine a priori-Restriktionen zu realisieren.

Bei dem eben erwähnten Verfahren von HERMANN-SCHUESSLER wird eine Approximation an eine vorgegebene ideale Transferfunktion versucht, die als "equiripple approximation" bekannt ist. Die Anzahl der lokalen Maxima und Minima der Approximationsfunktion im Frequenzbereich $0 \leq \lambda \leq \pi$ hängt dabei von M, also der Dauer der Impulsantwortfunktion ab, denn für T(λ) kann geschrieben werden:

$$T(\lambda) = \sum_{k=o}^{M} a_k(\cos\lambda)^k$$

wobei a_k Konstanten sind, die von h(k) abhängen. Somit ist T(λ) ein trigonometrisches Polynom der Ordnung M, das im Intervall $0 < \lambda < \pi$ höchstens M-1 lokale Extremwerte besitzt. Nimmt man das abgeschlossene Intervall $[0,\pi]$, dann kann gezeigt werden, daß T(λ) bei $\lambda = 0$ und $\lambda = \pi$ entweder ein Maximum oder ein Minimum annimmt. Somit weist T(λ) im abgeschlossenen Intervall höchstens M+1 lokale Extrema auf. Liegen E_P Extrema im Passband und E_S Extrema im Stoppband, dann gilt:

$$E_P + E_S = M + 1$$

Es läßt sich nun ein nicht-lineares Gleichungssystem mit 2M Gleichungen angeben zur Bestimmung der unbekannten M+1

1) Für die Ausführungen in diesem Abschnitt vgl. (OPPENHEIM-SCHAFER, 25, S. 255 ff)

Filterkoeffizienten und der M-1 Frequenzen, bei welchen die M+1 Extrema liegen (bei $\lambda = 0$ und $\lambda = \pi$ liegen immer Extrema).

Zweifellos liegt der größte Nachteil des eben in seinen Grundzügen skizzierten Verfahrens darin, daß die Größen λ_1 und λ_2, die im praktischen Fall nach substanzwissenschaftlichen Überlegungen festgesetzt werden müssen, nur zufällig realisiert werden können.

Dieser Nachteil tritt beim Verfahren von PARKS-McCLELLAN nicht auf. Approximationstheoretisch stellt es eine Tschebyscheff-Approximation dar (vgl. dazu ACHIESER, 1). Der Approximationsfehler ist dabei folgendermaßen definiert:

$$F(\lambda) := [T^*(\lambda) - T(\lambda)] \quad G(\lambda)$$

Dabei ist $T^*(\lambda)$ die vorgegebene (ideale) Transferfunktion, $T(\lambda)$ die realisierte Transferfunktion und $G(\lambda)$ eine vorgegebene Gewichtsfunktion, die es gestattet, Pass- bzw. Stoppbänder in ihrer Bedeutung für das zu untersuchende Problem unterschiedlich zu akzentuieren. Das Verfahren besteht nun in einem Algorithmus, der den Ausdruck

$$\max_{\substack{0 \leq \lambda \leq \lambda_1 \\ \lambda_2 \leq \lambda \leq \pi}} |F(\lambda)|$$

minimiert. Dieser beruht wesentlich auf dem sog. "Alternantensatz". Für Einzelheiten sei auf die zitierte Originalarbeit verwiesen.

Praktische Versuche mit so konstruierten Filtern führten jedoch zu enttäuschenden Resultaten, trotz der Möglichkeit, über $G(\lambda)$ Einfluß auf das Resultat der Approximation zu nehmen. Versucht wurde z. B. die Konstruktion eines Tiefpaßfilters mit dem Passband $0 \leq f \leq f_1 = 0{,}05$ und dem Stoppband $0.053 = f_2 < f \leq 0.5$ und den Filterlängen 23, 51, 99. Dabei wurden Passband und Stoppband in der Relation 5 : 1 bzw. 10 : 1 gewichtet. Wie die Abb. 10-15 zeigen, verlaufen die erzielten Transferfunktionen völlig unbefriedigend. Versucht man etwa damit, eine konkrete Reihe zu filtern, dann ergeben sich ebenfalls völlig indiskutable Resultate. Die Abb. 16-18 zeigen die Anwendung dieser Filter auf die Reihe "Nettoproduktion der verarbeitenden Industrie". Zunächst fällt auf, daß die gefilterten Reihen systematisch über oder unter der Originalreihe liegen. Das liegt daran, daß die entsprechenden Transferfunktionen für $\lambda = 0$ entweder größer als Eins oder kleiner als Eins sind. Da ökonomische Reihen meistens einen Trend aufweisen, führt jede Abweichung $|T(o) - 1|$, auch wenn sie numerisch klein ist, zu systematischen Verfälschungen. Da es aber unmöglich ist, a priori sicherzustellen, daß $T(0) = 1$ ist, scheinen die Einsatzmöglichkeiten derartiger Filter als Tiefpaßfilter für ökonomische Zeitreihen recht gering zu sein. Aber selbst wenn für eine konkrete Problemstellung dieser Defekt unwesentlich sein sollte, ist an eine praktische Verwertbarkeit so konstruierter Filter kaum zu denken, da sie schlechte Ausblendeigenschaften aufweisen, wie aus den abgebildeten Transferfunktionen leicht ersichtlich ist. Dies gilt selbst für den Fall großer Filterlängen, wie sie in praxi nie realisiert werden können.

2. Rekursive Filter

2.1. Einfache rekursive Filter

Die einfachsten rekursiven Filter erhält man aus der allgemeinen Filtergleichung

$$\sum_{k=0}^{M} a_k\, y(t-k) = \sum_{r=0}^{N} b_r\, x(t-r) \quad , \quad a_0 = 1$$

wenn M=1 und N=0 gesetzt wird. Dann ergibt sich:

$$y(t) = b_0\, x(t) - a_1\, y(t-1)$$

Für geeignet gewählte Koeffizienten erhält man daraus leicht z. B. einen Tiefpaßfilter [1]. Auch läßt sich unschwer sicherstellen, daß die zugehörige Transferfunktion bei $\lambda = 0$ genau den Wert Eins annimmt. Es ist:

$$T(z) = \frac{\sum_{r=0}^{N} b_r\, z^{-r}}{\sum_{k=0}^{M} a_k\, z^{-k}} = \frac{b_0}{1 - a_1 z^{-1}} = \frac{b_0\, z}{z - a_1}$$

Aus der Bedingung T(1) = 1 ergibt sich dann

$$b_0 = 1 - a_1$$

Dieser Filter hängt somit nur von einem Parameter ab. Für positives a_1 liegt ein Tiefpaßfilter vor, für negatives a_1 ein Hochpaßfilter. Dabei verlaufen die Transferfunktionen umso schärfer, ja näher $|a_1|$ bei Eins liegt (aus Stabilitätsgründen ist $|a_1| = 1$ auszuschließen). Die Abb. 19 zeigt die zum "half-power"-Punkt f_1=0,05 gehörige Transferfunktion.

So konstruierte Filter sind natürlich sehr einfach zu handhaben, haben allerdings den Nachteil, daß ihre Transferfunktionen relativ unscharf sind, obwohl sie unvergleichlich schärfer verlaufen als etwa diejenigen der unter großem

---

1) Für nachfolgende Ausführungen vgl. (CADZOW, 6).

theoretischen und praktischen Aufwand erzielten FIR-Filter. Es ist insbesondere zu beachten, daß sie auch bei kurzen Zeitreihen einsetzbar sind. Trotzdem werden sie sich je nach Problemstellung evtl. als ungeeignet erweisen, z. B. wenn eine Zeitreihe außer einem Trend noch eine nennenswerte konjunkturelle Komponente besitzt. Es besteht dann nämlich die Gefahr, daß diese unter Umständen sehr stark gedämpft wird, ein Problem, das schon bei den einfachen gleitenden Durchschnitten auftrat.

Verschärfungen einer Transferfunktion können aber erzielt werden, wenn der zugehörige Filter in Serie geschaltet wird. Das eben erwähnte Problem wird dann in einer Relevanz reduziert, da sich die Durchlass- und Ausblendeigenschaften mit zunehmender Filterordnung verbessern. Wird etwa der obige Tiefpaßfilter iterativ n-mal angewandt, dann lautet seine Transferfunktion

$$T_n(z) = \left| \frac{(1-a_1)\,z}{z-a_1} \right|^n$$

die in Abb. 20 für n = 2,45 wiedergegeben ist (f_1=0,05).

Je größer allerdings n ist, umso größer ist natürlich die zugehörige Phase, was unter Umständen unerwünscht sein kann. Die erwähnten Effekte kommen in den Abb. 21-23 zum Ausdruck, wo die schon in 1.1.1. erwähnte Simulationsreihe durch einen Tiefpaßtfilter geschickt wurde mit n = 1, 2, 45.
Eine merkliche Phasenverschiebung ist hier jedoch erst bei großem n festzustellen. Offensichtlich liefert der Filter hier auch bei kleinem n recht zufriedenstellende Resultate.

Für viele Probleme der Zeitreihenanalyse, z. B. der Isolation der konjunkturellen Komponente einer Zeitreihe, sind Bandfilter von Bedeutung. Ein einfacher Bandfilter wird z. B. durch folgende Transferfunktion gegeben:

$$T(z) = \frac{\beta z^2}{(z - re^{i\lambda_o})(z - re^{-i\lambda_o})}$$

$$= \frac{\beta z^2}{z^2 - (2r \cos \lambda_o) \; z + r^2}$$

Dabei ist

$$\beta = (1 - r) \, |e^{i\lambda_o} - re^{-i\lambda_o}|$$

ein Normierungsfaktor, der sicherstellt, daß $T(\lambda) = 1$ ist für $\lambda = \lambda_o$.

Die Bandbreite dieses Filters ergibt sich dabei aus der Bedingung

$$|T(\lambda)| = \frac{1}{\sqrt{2}}$$

was zu einer quadratischen Gleichung in $\cos \lambda$ führt:

$$\cos^2 \lambda - \left[\frac{(1+r^2) \cos \lambda_o}{r}\right] \cos \lambda$$

$$+ \frac{(1-r)^2}{4r^2} \left[4r \cos 2 \lambda_o - (1-r)^2\right] + \cos^2 \lambda_o = 0$$

mit den beiden Lösungen:

$$\cos \lambda_1 = \frac{(1+r^2) \cos \lambda_o}{2r} + \frac{(1-r)}{2r} \sqrt{(1+r)^2 - (1-6r+r^2) \cos^2 \lambda_o}$$

$$\cos \lambda_2 = \frac{(1+r^2) \cos \lambda_o}{2r} - \frac{(1-r)}{2r} \sqrt{(1+r)^2 - (1-6r+r^2) \cos^2 \lambda_o}$$

woraus sich λ_1 und λ_2 ergeben.

Praktisch wird allerdings üblicherweise umgekehrt vorgegangen: Man gibt die "half-power"-Punkte λ_1 und λ_2 vor (definiert also dadurch die gewünschte Bandbreite) und bestimmt damit r und λ_o, wobei sich r als diejenige Wurzel des Polynoms

$$r^8 + (\alpha-\beta) r^6 - 8\alpha r^5 + (14\alpha - 2\beta - 2) \, r^4$$

$$- 8\alpha r^3 + (\alpha-\beta) \, r^2 + 1 = 0$$

ergibt, die im Intervall (0,1) liegt mit

$$\alpha = (\cos \lambda_1 + \cos \lambda_2)^2$$

$$\beta = (\cos \lambda_1 - \cos \lambda_2)^2$$

λ_o folgt dann aus der Beziehung

$$\cos \lambda_o = \frac{r}{1 + r^2} (\cos \lambda_1 + \cos \lambda_2)$$

Abb.24 zeigt die Transferfunktion dieses Filters für f_1=0,02 und f_2=0,04. Verschärfungen sind wiederum zu erzielen durch Serienschaltung, wie in der Abb. 25 dargestellt ist.

Versucht man z. B. in obiger Simulationsreihe das niederfrequente Signal 200 sin 0.06 πt mit diesem Filter auszufiltern, dann zeigen die Abb. 26-28, daß es dem Filter bei kleiner Ordnung (und damit auch mit geringer Phasenverschiebung) nur unzureichend gelingt, eine Trennung von Trend und zyklischer Komponente herbeizuführen. In etwa gelingt das erst z. B. bei n = 4 und relativ engem Band [0.025, 0.035], allerdings mit erheblicher Phasenverschiebung. Man könnte nun versucht sein, die unzureichende Trennschärfe zwischen diesen beiden Komponenten dadurch zu erhöhen, daß man eine sehr kleine Bandbreite wählt und eine mäßig hohe Filterordnung. Wie Abb. 31 allerdings zeigt, führt ein derartiges Vorgehen jedoch schnell zu numerisch unsinnigen Ergebnissen. Es erscheint höchst zweifelhaft, ob es gelingt, das alte Problem einer Trennung von Trend- und Konjunkturkomponenten mit Hilfe eines derartigen einfachen Bandfilters zu lösen. Für Zwecke einer Konjunkturdiagnose und Konjunkturprognose wäre jedoch eine solche Trennung auf filtertheoretischer Basis höchst wünschenswert, um damit endlich die bisherigen ad-hoc-Methoden abzulösen (wie

z. B. Berechnung von Wachstumsraten, gleitende Regressionen usw.) [1].

2.2. Optimale rekursive Filter

Genau wie bei den FIR-Filtern lassen sich auch bei den IIR-Filtern Konstruktionsprinzipien angeben, die es gestatten, "optimale" Filter in dem Sinne zu konstruieren, daß ein vorgegebenes Fehlerkriterium erfüllt wird. Dabei wird so vorgegangen, daß die gewünschte Transferfunktion eines Filters an den Stellen λ_i, $i = 1,2,\ldots M$ vorgegeben wird. Wählt man wie z. B. (STEIGLITZ, 36) den mittleren quadratischen Fehler als Kriterium, dann ergibt sich für diesen der Ausdruck:

$$MQF = \sum_{i=1}^{M} [\,|T(\lambda_i)| - |\hat{T}(\lambda_i)|\,]^2$$

mit

$T(\lambda)$: = realisierte Transferfunktion

$\hat{T}(\lambda)$: = erwünschte Transferfunktion

wobei $T(\lambda)$ zweckmäßigerweise in Serienschaltung von Filtern der Ordnung 2 realisiert wird:

$$T(z) = A \prod_{k=1}^{K} \frac{1+a_k z^{-1}+b_k z^{-2}}{1+c_k z^{-1}+d_k z^{-2}}$$

K ist dabei die Ordnung des Filters. MQF ist eine Funktion der 4K Parameter $(a_1, b_1, c_1, d_1, \ldots a_K, b_K, c_K, d_K)$. Die Minimierung von MQF führt zu einem System von 4K nicht-linearen Gleichungen, das z. B. mit der Methode von FLETCHER-POWELL gelöst werden kann.

---

1) Es soll hier nicht unerwähnt bleiben, daß dies in der Zwischenzeit mit Hilfe einer speziellen Kombination von rekursiven Filtern gelungen ist, die aber hier nicht dargestellt werden soll, da ihre Entwicklung erst nach Abschluß des vorliegenden Projektes erfolgte. Es sei deshalb auf weitere Publikationen des Autors verwiesen.

Versuche, mit so konstruierten rekursiven Filtern zu arbeiten, führten zu Transferfunktionen, die auch bei relativ niedriger Ordnung als für viele praktische Zwecke hinreichend scharf bezeichnet werden können, ganz im Gegensatz zu den optimalen FIR-Filtern. Allerdings sind auch sie nicht als problemlos anzusehen, da genau wie bei den optimalen FIR-Filtern keine Kontrolle über den Verlauf einer realisierten Transferfunktion bei $\lambda = 0$ möglich ist, wenn auch die Differenz $|T(0) - 1|$ praktisch immer sehr viel geringer ist als bei den FIR-Filtern. Hinzu kommt noch, daß sich je nach Filterordnung unter Umständen erhebliche Phasenverschiebungen bemerkbar machen, die bei gewissen Problemstellungen sicherlich störend in Erscheinung treten. Generell könnte man diese optimalen rekursiven Filter als bedingt tauglich für die Analyse ökonomischer Zeitreihen ansehen. Da auf solche Filter im Zusammenhang mit der Darstellung eines Bereinigungsverfahrens in Abschnitt 3.5 zurückzukommen sein wird, soll hier auf die Wiedergabe von Beispielen verzichtet werden.

2.3. Der Kerbenfilter

Neben den einfachen rekursiven und den optimalen rekursiven Filtern gibt es noch solche, die auf "direktem" Weg konstruiert werden können. Mit "direkt" ist dabei gemeint, daß der Filter durch Festlegung der Null-Stellen und Pole der Transferfunktion realisiert wird. Schreibt man die Transferfunktion eines rekursiven Filters in der Form:

$$T(z) = \frac{b(z - z_1)(z - z_2) \dots (z - z_M)}{(z - p_1)(z - p_2) \dots (z - p_N)}$$

wobei z_i $(i = 1, 2, \dots M)$ die Nullstellen und p_j $(j = 1, 2, \dots N)$ die Pole von $T(z)$ sind, dann ist leicht einzusehen, daß sich durch eine geschickte Wahl der z_i und p_j eine erwünschte Transferfunktion evtl. konstruieren läßt. Dabei hat b den Charakter einer Normierungskonstanten, die so gewählt werden kann, daß $T(z)$ an einer vorgegebenen Stelle einen vorgegebenen Wert erreicht.

Für die Lösung praktischer Probleme der Zeitreihenanalyse hat sich der Einsatz des sog. "Kerbenfilters" als besonders zweckmäßig herausgestellt. Darunter ist ein Filter zu verstehen, dessen Transferfunktion idealerweise folgende Gestalt hat:

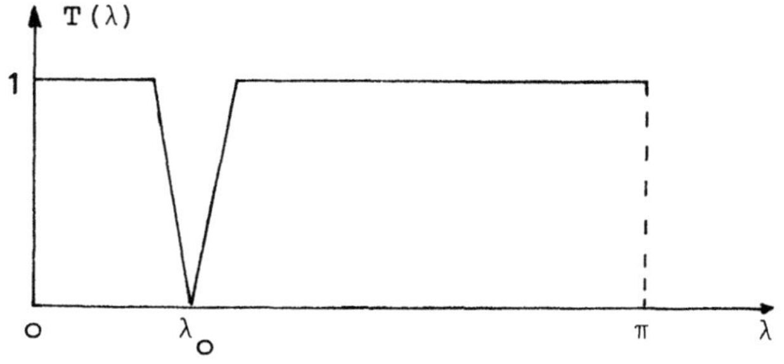

Eine solche Transferfunktion läßt sich nun mit hoher Genauigkeit durch folgende Überlegungen gewinnen:
Da bei $\lambda = \lambda_o$ die einzige Nullstelle liegen soll, muß auf alle Fälle gelten:

$$z_1 = p^{i\lambda o}$$

Wählt man nun den ersten Pol in der Nähe dieser Nullstelle, also $p_1 \approx z_1$, dann ist der Quotient

$$\frac{z - e^{i\lambda o}}{z - p_1}$$

für alle $z \neq e^{i\lambda o}$ die außerhalb des "Kerbenbereiches" liegen etwa gleich Eins. Eine solche Transferfunktion der niedersten Ordnung (M = 1, N = 1) führt aber zu komplexen Filterkoeffizienten, die praktisch nicht brauchbar sind. Reelle Koeffizienten erhält man erst, wenn man mindestens die Ordnung (M = 2, N = 2) wählt, indem man setzt:

$$z_2 = \bar{z}_1$$

$$p_2 = \bar{p}_1$$

Die Transferfunktion lautet dann:

$$T(z) = \frac{(z - e^{i\lambda_o})(z - e^{-i\lambda_o})}{(z - p_1)(z - \bar{p}_1)} \quad , \quad z = e^{i\lambda}$$

Diese Transferfunktion verläuft allerdings noch ziemlich unbefriedigend, insbesondere ist die Kerbe nicht hinreichend symmetrisch um λ_o. Eine Verbesserung der Verlaufsform kann nun wieder wie bei allen Filtern durch eine Serienschaltung erzielt werden. Allerdings empfiehlt es sich dabei, eine geringe Polvariation bei den sukzessiven Filtern vorzunehmen, wobei die Nullstelle aber jeweils gleich bleibt. Eine solche Filterfolge wurde von (WEAVER et al., 39) für Elektrokardiagramm-Analysen benutzt. Dabei wurde die Filterordnung (M = 6, N = 6) gewählt und für die Pole eine "symmetrische Anordnung" vorgeschlagen. Die Pol-Nullstellen-Konstellation ist nachstehend wiedergegeben für $0 \leq \lambda_o \leq \Pi/2$:

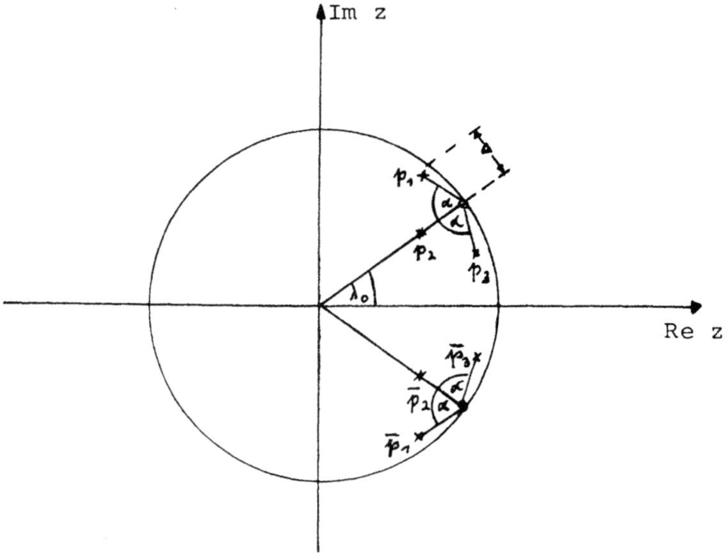

Für die Pole gilt daher:

$$p_1 = \cos\lambda_o - \Delta\cos(\lambda_o - \alpha) + i\,[\sin\lambda_o - \Delta\sin(\lambda_o - \alpha)]$$

$$p_2 = (1 - \Delta)\cos\lambda_o + i\,(1 - \Delta)\sin\lambda_o$$

$$p_3 = \cos\lambda_o - \Delta\cos(\lambda_o + \alpha) + i\,[\sin\lambda_o - \Delta\sin(\lambda_o + \alpha)]$$

(Vgl. dazu CADZOW, 6).

Die Pole hängen von den Größen α und Δ ab. Für die Transferfunktion des Kerbenfilters ergibt sich dann insgesamt der Ausdruck:

$$T(z) = \frac{b(z - e^{i\lambda_o})^3 (z - e^{-i\lambda_o})^3}{\prod_{i=1}^{3} (z - p_i)(z - \bar{p}_i)} , \quad z = e^{i\lambda}$$

Die Normierungskonstante wird zweckmäßigerweise so festgelegt, daß $T(\lambda)$ den Wert Eins annimmt an der Stelle $\lambda = 0$, d. h. also:

$$b = \frac{\prod_{i=1}^{3} (1 - p_i)(1 - \bar{p}_i)}{(1 - e^{i\lambda_o})^3 (1 - e^{-i\lambda_o})^3}$$

Ist α festgelegt, dann hängt die Transferfunktion nur noch von Δ ab. Je kleiner Δ ist, umso enger ist die Kerbenöffnung. (WEAVER et al., 39) setzen $\alpha = 72^o$. Die Abb. 32,33 zeigen die Transferfunktion des Kerbenfilters für $\Delta = 0.01$ und $\Delta = 0.1$ und $\lambda_o = 2\pi/12$.

Wie diese Abbildungen zeigen, entsprechen die so gefundenen Transferfunktionen noch keinesfalls den theoretischen Vorstellungen, da sie in der Nähe der Kerbenfrequenz λ_o "Nasen" aufweisen. Es bleibt deshalb die Aufgabe, diesen Defekt zu beseitigen durch eine Veränderung der Lage der Pole. Darauf wird noch zurückzukommen sein.

3. Die Verwendung von rekursiven Filtern zur Lösung praktischer Probleme der Zeitreihenanalyse

Nachfolgend werden nun einige Anwendungsmöglichkeiten rekursiver Filter dargestellt, wobei aber die im Projekt entwickelten Verfahren nur skizziert werden, da diese in speziellen Veröffentlichungen ausführlich erörtert werden. Außerdem waren diese Verfahren bei Abschluß des Projektes noch nicht ganz anwendungsreif bzw. ausgetestet.

Im einzelnen wird zunächst über ein Verfahren berichtet, das als geeignetes Analyseinstrument anzusehen ist, um die alte Frage nach der Existenz bzw. Nichtexistenz langer Konjunkturwellen definitiv zu beantworten. Im Anschluß daran wird auf das vieldiskutierte Problem der Saisonbereinigung ökonomischer Zeitreihen eingegangen. Dazu werden zu Beginn grundsätzliche Bemerkungen gemacht, um dann in einer längeren Untersuchung nachzuweisen, daß eine objektive Verknüpfung von "Zeitbereichsanalyse" und "Frequenzbereichsanalyse" nicht möglich erscheint. Daran anschließend wird gezeigt, warum eine Verwendung von rekursiven Filtern gerade für Zwecke der Saisonbereinigung sinnvoll ist. Schließlich werden zwei neue Verfahren skizziert. Auf die Wiedergabe von Ergebnissen wird dabei allerdings für Verfahren I verzichtet, da ihre Diskussion umfangreiche Ableitungen und Überlegungen erfordert, auf die hier aus Platzgründen verzichtet werden muß. Hier muß wieder auf die schon eingangs erwähnten, sich in Vorbereitung befindlichen, Veröffentlichungen hingewiesen werden.

3.1. Zum Problem der "long swings"

Die Diskussion über die Existenz bzw. Nichtexistenz langer oder längerer konjunktureller Wellenbewegungen hat in jüngster Zeit wieder an Intensität gewonnen, aus Gründen, die hier nicht diskutiert werden sollen. Ausgangspunkt ist folgender Sachverhalt: Wirtschaftsforscher und -historiker unterschiedlichster Provenienz formulierten die Hypothese, daß sich ökonomische Entwicklungsprozesse nicht "geradlinig", sondern in Wellenbewegungen vollzögen, deren Zyklusdauer aber von den einzelnen Forschern aufgrund ihrer empirischen Untersuchungen durchaus verschieden veranschlagt wird. Zwingt schon dieser Sachverhalt zu grundsätzlicher Skepsis gegenüber den vorgelegten Resultaten, so ist darüber hinaus ganz generell zu fragen, ob denn das adäquate Instrumentarium vorhanden ist, um derartige Hypothesen überhaupt prüfen zu können.

Bemüht man Methoden der traditionallen Zeitreihenanalyse, dann wird davon ausgegangen, daß sich eine Reihe a priori in eine gewisse Anzahl von Komponenten zerlegen lasse, unter denen sich möglicherweise auch eine "zyklische" befinde, die aber, obgleich sie im konkreten Fall durchaus mit bemerkenswerter Regelmäßigkeit verlaufen könne, optisch meistens nicht oder nur sehr schwach in Erscheinung trete, da andere Komponenten dominierten, insbesondere der "Trend". Gelingt es nun, den Trend zu eliminieren, dann kann prinzipiell eine vorhandene zyklische Komponente isoliert dargestellt werden. Aber wie soll der Trend eliminiert werden?

Die traditionelle Analyse bedient sich dazu verschiedener Methoden. Einmal wird von der Vorstellung ausgegangen, die Trendkomponente ließe sich durch ein Polynom darstellen, dessen Koeffizienten geschätzt werden können, was dann zu einer verhältnismäßig einfachen "Ausschaltung" des Trends führt. Da aber der dabei vorauszusetzende Polynomgrad substanzwissenschaftlich praktisch nie bestimmbar ist, ergeben sich Resultate, die nicht frei von Willkür sind. ANDERSON sen. hat das anhand der Untersuchungen von KONDRATIEFF, der in der geschilderten Weise vorgegangen ist, mit aller Deutlichkeit gezeigt (vgl. ANDERSON sen., 2). Es bedarf also keiner Diskussion, daß eine derartige Vorgehensweise als methodisch inadäquat zurückzuweisen ist.

Zum anderen verwendet die traditionelle Analyse aber auch Verfahren, die in mancher Hinsicht als wesentlich "flexibler" als die Vorgabe eines "starren" Trendpolynoms anzusehen sind. Hierunter fallen alle Prozeduren, die unter dem Oberbegriff "gleitende Durchschnitte" subsumiert werden können. Spätestens seit (SLUTZKY, 35) ist jedoch bekannt, daß solche Durchschnitte unter Umständen zu erheblichen Fehlschlüssen verleiten können, da sie möglicherweise Zyklen induzieren, die im originären Datenmaterial, d. h. in einer ungeglätteten Zeitreihe, nicht enthalten sind. Als Paradebeispiel sei hier auf KUZNETS verwiesen. Mit den Hilfsmitteln der modernen Zeitreihenanalyse kann nämlich gezeigt werden, daß die von KUZNETS herausgearbeitete Zyklendauer das Resultat seiner Glättungsprozeduren ist (vgl. FISHMAN, 8). Somit sind also auch derartige Methoden der vorliegenden Problemstellung nicht angemessen.

Die moderne Zeitreihenanalyse - und hier sei insbesondere an die Spektralanalyse gedacht - vermeidet nun eine a priori-Komponentenzerlegung einer Zeitreihe. Durch eine Analyse, die prinzipiell im Frequenzbereich durchgeführt wird, ergibt sich die Möglichkeit einer Zeitreihenzerlegung, ohne daß eine vorherige Elimination gewisser Komponenten erforderlich ist. Leider ist dieser unbestreitbare Vorteil einer Frequenzbereichsanalyse an eine entscheidende Voraussetzung gebunden, nämlich der (schwachen) Stationarität des zugrundeliegenden stochastischen Prozesses. Dies impliziert vor allem, daß eine Zeitreihe keine evolutorischen Bewegungen aufweist, was aber gerade typisch für ökonomische Reihen ist. Dies führt dazu, daß infolge von "leakage"-Effekten das Auflösungsvermögen von Spektralfenstern im Niederfrequenzbereich (und dieser interessiert ja nur für das vorliegende Problem) so gering ist, daß ein geschätztes Spektrum ohne jegliche Information bezüglich der Existenz von längeren zyklischen Bewegungsabläufen ist. Will man informative Spektren, dann ist es unumgänglich, vor der eigentlichen Spektralanalyse eine Trendbereinigung durchzuführen. Genau wie bei den traditionellen Verfahren stellt sich auch hier sofort die Frage nach dem "Wie?".

Üblicherweise wird genauso vorgegangen wie bei jenen, d. h. also Polynomansatz und/oder gleitende Durchschnitte. Aber auch hier kann ein Polynomgrad nicht objektiv festgelegt werden, so daß insgesamt die Situation nicht als günstiger zu beurteilen ist als bei den herkömmlichen Verfahren. Grundsätzlich vorteilhafter scheint sie allerdings bei Verwendung von gleitenden Durchschnitten zu sein: Solche Filter können bezüglich ihrer Effekte anhand der Transferfunktion im Frequenzbereich sehr detailliert untersucht werden, was mit den Werkzeugen der traditionellen Analyse im allgemeinen nicht möglich ist. Es stellt sich deshalb die Frage, ob Filter existieren, die so beschaffen sind, daß eine Trendelimination möglich ist, ohne daß dadurch unerwünschte Nebeneffekte auftreten. Erst dann wäre eine informative Spektralanalyse möglich.

Wie muß nun ein Trendfilter beschaffen sein, damit Zeitreihen mit Hilfe der Spektralanalyse im Hinblick auf die Existenz niederfrequenter Zyklen adäquat untersucht werden können? Die Antwort lautet: ein solcher Filter muß so beschaffen sein, daß seine Transferfunktion $T(\lambda)$ zwei Bedingungen erfüllt. Diese sind (vgl. HOWREY, 15):

1) $T(\lambda_0) = 1$

2) $T'(\lambda_0) = 0, \quad \lambda_0 \in (0,\pi)$

wenn die Hypothese getestet werden soll, daß eine Reihe eine zyklische Komponente der Frequenz λ_0 enthält [1]. Durch die Erfüllung der ersten Bedingung wird sichergestellt, daß weder Verstärkungs- noch Abschwächungseffekte eintreten, d. h. also, eine vorhandene bzw. nicht vorhandene Spitze im Spektrum an der Stelle $\lambda = \lambda_0$ ist nicht das Resultat der vorgenommenen Filteroperation. Ist zudem die zweite Bedingung erfüllt, dann

---

1) Selbstverständlich muß sie außerdem im "Nullband" den Wert Null annehmen.

ist man sicher, daß eine eventuell im Spektrum auftretende Spitze an der "richtigen" Stelle sich befindet, d. h. also, daß Verschiebungen im Frequenzbereich und damit ein Ausweis von zu großen Periodenlängen (wenn $T'(\lambda_0)<0$) oder zu kleinen Periodenlängen (wenn $T'(\lambda_0)>0$) vermieden wird. Es ist fast überflüssig zu bemerken, daß beide Bedingungen nicht nur für den Frequenzpunkt $\lambda = \lambda_0$ erfüllt sein müssen, sondern auch für eine genügend breite Umgebung dieses Punktes, da je Zyklen-Hypothesen keine exakten Periodizitäten, sondern nur durchschnittliche Periodizitäten implizieren, eine Vorstellung, die bekanntlich der gesamten Spektralanalyse zugrunde liegt.

Schon vor einigen Jahren haben (KÖNIG und WOLTERS, 20) die Frage untersucht, welche der bisher üblichen gleitenden Durchschnittsfilter die oben formulierten Bedingungen erfüllen. Sie kamen zu dem Schluß, daß sie bei keinem erfüllt sind. Eine gewisse Ausnahme bildete lediglich ein spezieller Hochpaßfilter, der allerdings nur zum Test von Zyklen geeignet ist, deren Periodenlänge kleiner als zehn Jahre sind. Die eigentlichen "long-swing"-Hypothesen implizieren aber eine wesentlich längere Zyklendauer (z. B. KUZNETS 20 Jahre, KONDRATIEFF 50 Jahre etc.), so daß auch dieser Filter eigentlich nicht in Frage kommt.

Ein für vorliegende Problemstellung geeigneter Trendfilter wäre zweifellos der oben diskutierte Kerbenfilter, wenn es gelingt, seine "Nasen" zu beseitigen, so daß die erwähnten Forderungen erfüllbar werden. Die Lösung dieses Problems sowie detaillierte Ausführungen zur Verwendung dieses Filtertyps nebst Anwendungsbeispielen findet sich in einer Arbeit von (SCHULTE, 34), so daß sich weitere Erörterungen hier erübrigen.

3.2. Grundsätzliche Probleme der Saisonbereinigung ökonomischer Zeitreihen

3.2.1. Vorbemerkungen

Das Problem der Saisonbereinigung ökonomischer Zeitreihen wird schon seit gut 100 Jahren diskutiert. Diese Diskussion hat in den letzten Jahren erheblich an Intensität gewonnen. Das hängt nicht nur damit zusammen, daß in diesem Zeitraum neue Saisonbereinigungsverfahren entwickelt und auch praktiziert wurden, sondern auch damit, daß die methodischen Grundlagen dieser Verfahren vergleichend kritisch analysiert wurden und noch werden. Während sowohl die Möglichkeit von sinnvollen Saisonbereinigungen als auch die Notwendigkeit derartiger Bereinigungen für die Lösung konkreter Probleme der Wirtschaftsforschung und der Wirtschaftpolitik unstrittig sind, gehen die Meinungen darüber, wie die jeweiligen Vor- und Nachteile einzelner Verfahren zu bewerten bzw. als solche überhaupt objektiv zu erkennen sind, z. Zt. noch im allgemeinen nicht unerheblich auseinander. Vermutlich ist es nur so zu erklären, daß verschiedene Institutionen wie etwa Wirtschaftsforschungsinstitute, das Statistische Bundesamt usw. immer noch mit unterschiedlichen Verfahren arbeiten und demzufolge u. U. zu erheblich divergierenden Schlüssen kommen (Vgl. dazu etwa die mit verschiedenen Verfahren saisonbereinigte Reihe "Arbeitslose" bei KARR, 17). Angesichts der Tatsache, daß manche wirtschaftsstatistische Zeitreihe in ihrer saisonbereinigten Form heute von beträchtlicher politischer Brisanz ist, stellt dieser Sachverhalt nicht gerade ein Ruhmesblatt für die Statistik dar, nährt es doch u. U. das weitverbreitete Vorurteil, daß man mit Statistik schließlich alles beweisen kann.

Die vorliegende Abhandlung verfolgt nicht das Ziel, die methodischen Grundlagen und Konzepte verschiedener Verfahren vergleichend zu analysieren, obwohl es sich für manche zu diskutierenden Aspekte als unumgänglich erweisen wird, auf die Konstruktionsprinzipien konkreter Verfahren einzugehen, wenn auch manchmal nur zum Zweck der Illustration der hier vorzutragenden Gedankengänge. Auch wird nicht der Versuch gemacht, über numerische Unterschiede zwischen mit alternativen Verfahren bereinigten Zeitreihen zu diskutieren, etwa mit dem Ziel, herauszufinden, welches Verfahren wohl die "wahre" Saisonkomponente am "besten" schätzt oder der "wahren" saisonbereinigten Reihe am "besten" entspricht. Solche Vergleiche, die auf den einschlägigen Fachtagungen oft Gegenstand heißer Kontroversen sind, erweisen sich nämlich bei näherer Betrachtung als nicht sehr sinnvoll, wie noch zu zeigen sein wird. Vielmehr sollen hier nur "Grundprobleme" der Saisonbereinigung behandelt werden, also Probleme, über die vor der Konstruktion eines Verfahrens Klarheit bestehen muß, sollen nicht spezielle heute zur Verfügung stehende oder noch zu entwickelnde zukünftige Verfahren Anlaß zur Entstehung immer neuer Probleme (oder Scheinprobleme?) geben, die zu nicht endenden Grundsatzdiskussionen führen. Daran anschließend werden Vorschläge zur Konstruktion von Saisonbereinigungsverfahren unterbreitet, von denen der Verfasser hofft, daß diese nicht nur zu einer Vereinheitlichung der gegenwärtigen Diskussion des Problemkomplexes "Saisonbereinigung" führen, sondern möglicherweise auch zu einer Vereinheitlichung der Praxis der Saisonbereinigung, was wohl angesichts des oben skizzierten Sachverhaltes sicherlich wünschenswert wäre.

3.2.2. Zum Vergleich von Saisonbereinigungsverfahren

Die Grundhypothese, die hinter allen bisherigen Saisonbereinigungsverfahren steht, ist die Auffassung, daß sich eine wirtschaftliche Zeitreihe in "systematische" Komponenten und in eine "Restkomponente" zerlegen läßt. Die inhaltliche Deutung und relative Abgrenzung der systematischen Komponente erfolgt dabei durch substanzwissenschaftlich fundierte Überlegungen, während die Restkomponente als diejenige Komponente verstanden wird, die sich solchen Deutungen entzieht. Ein solches Vorgehen läuft zunächst auf das hinaus, was (WALD, 38) als "äußere" Definition von Komponenten bezeichnet hat. Da aber ein derartiges Vorgehen letztlich auf unüberwindliche Schwierigkeiten stößt, wie A. WALD gezeigt hat, und deshalb zu keinen realisierbaren Bereinigungsverfahren führt, bleibt nur der Ausweg der "inneren" Definition von Komponenten (WALD, 38). Dies läuft darauf hinaus, daß man eine gewisse Anzahl von Eigenschaften der Reihenkomponenten postuliert, von denen man annimmt, daß sie ökonomisch sinnvoll oder plausibel sind. Diese Postulate ermöglichen es dann, den einzelnen Komponenten je eine gewisse Klasse von Funktionen zuzuordnen (z. B. die Klasse der Polynome "niedriger" Ordnung), von denen man der Auffassung ist, daß diese Funktionenklassen in der Lage sind, eine hinreichend adäquate formale Charakterisierung eben dieser aus dem ökonomischen Sachwissen heraus formulierten "Eigenschaften" zu liefern. Aber selbst wenn alle Konstrukteure von Saisonbereinigungsverfahren einheitlich diesen Katalog von Eigenschaften sowie die zugehörigen Funktionenklassen akzeptierten, so wären trotzdem auf dieser Grundlage die verschiedensten Verfahren denkbar, da eben diese Grundlage nicht mehr leisten kann, als gewisse Funktionenklassen für jede als ökonomisch relevant erachtete Komponente festzulegen, innerhalb derer dann der Statistiker die Möglichkeit hat, eine ihm adäquat erscheinende Funktion auszuwählen, um damit endgültig die jeweilige Komponente zu definieren. Daraus folgt nun: werden z. B. bei zwei Verfahren für eine Komponente verschiedene Funktionen aus derselben Funktionsklasse ausgewählt, dann ist zu erwarten, daß diese Verfahren zu numerisch u. U. erheblich differierenden Resultaten führen. Diese Unterschiede sind aber ausschließlich auf verschiedene Definitionen zurückzuführen. Beim Berliner Verfahren wird z. B. die sog. "glatte" Komponente durch ein Polynom dritten Grades definiert, während beim ASA II-Verfahren diese Komponente durch eine Funktion definiert wird, die sich additiv zusammensetzt aus einem Polynom zweiten Grades und einer trigonometrischen Funktion mit einer Periode von 36 Monaten. Selbst wenn sich beide Verfahren nur in der Definition dieser Komponente unterscheiden würden, wären verschiedene saisonbereinigte Zeitreihen in der Regel die Folge. Es wäre aber nicht sehr sinnvoll, darüber zu diskutieren, welches Verfahren denn nun eigentlich das "bessere" ist, da die unterschiedlichen Resultate eben nur auf eine unterschiedliche Komponentendefinition zurückzuführen sind. Eine solche Diskussion wäre gleichbedeutend damit, daß man herausfinden wollte, welche der beiden Definitionen die "bessere" ist. Es ist klar, daß ein solches Unterfangen sinnlos wäre, da die Frage, ob eine gewählte Komponentendefinition "besser" oder "schlechter" mit der ihr entsprechenden äußeren Komponenten übereinstimmt, nicht positiv entschieden werden kann, denn dazu müßte ja diese äußere Komponente quantitativ bekannt sein, was natürlich nicht der Fall ist, sonst könnte man sich ja die ganze Zeitreihenzerlegung sparen (WALD, 38). Da jedes Saisonbereinigungsverfahren notwendigerweise eine innere Definition der relevanten Komponenten impliziert, insbesondere auch der Saisonkomponenten, sind mit verschiedenen Verfahren bereinigte Zeitreihen prinzipiell unvergleichbar, da diese Verfahren in der Regel auf unterschiedlichen Definitionen beruhen. Der häufig geübte Vergleich alternativ bereinigter Reihen, insbesondere von Einzelheiten in ihrem zeitlichen Verlauf, entbehrt daher einer sinnvollen Grundlage, und die damit verbundenen, oft mit Leidenschaft geführten Kontroversen, gelten in Wirklichkeit einem Scheinproblem. Uneingeschränkt gilt dies zumindest dann, wenn nicht schlüssig aus ökonomischen Überlegungen heraus dargelegt werden kann, daß ein Verfahren tatsächlich "unsinnige" Ergebnisse bringt. Ein solcher Nachweis wird jedoch nur ausnahmsweise möglich sein. In der Regel basieren derartige Vergleiche auf subjektiven a priori-Vorstellungen darüber, welche Veränderungen einer konkreten Reihe als saisonal bedingt und welche als nicht-saisonal bedingt angesehen werden sollen. [1)]

Dieser an sich triviale Sachverhalt kann auch noch von einem anderen Aspekt aus betrachtet werden. Es ist heute üblich, auch die Analyse ökonomischer Zeitreihen im Rahmen der Theorie der stochastischen Prozesse zu betrachten. Daß dies mit guten Gründen geschieht, ist wohl unstrittig. Eine solche Betrachtungsweise impliziert die Vorstellung, daß eine konkrete Zeitreihe <u>eine</u> mögliche Realisation eines hypothetischen Zufallsprozesses ist, der sich in Teilprozessen zerlegen läßt. Der oben skizzierte Ansatz ist nun gleichbedeutend damit, daß für die Realisationen der Teilprozesse bestimmte Trajektorieneigenschaften postuliert werden. Das läuft darauf hinaus, daß unterstellt wird, es sei möglich, diese Realisationen durch geschlossene mathematische Ausdrücke darzustellen. Offensichtlich läßt sich eine solche Darstellung auch unter Einbeziehung allen jeweils verfügbaren ökonomischen Sachwissens nicht eindeutig vollziehen. Im übrigen sei hier darauf hingewiesen, daß im Rahmen einer solchen Betrachtungsweise offensichtlich nur eine sehr spezielle Klasse von stochastischen Prozessen zugelassen wird, nämlich die, deren Trajektorien so "brav" verlaufen, daß die erwähnte Darstellung möglich erscheint. Ob eine derartige Einschränkung

---

1) Etwas anders liegen die Verhältnisse, wenn solche Vergleiche auf der Basis von simulierten Reihen vorgenommen werden. Allerdings ist auch hier Vorsicht insofern geboten, als darauf zu achten ist, daß diese Reihen nicht so konstruiert werden, daß sie a priori ein bestimmtes Verfahren präferieren, was z. B. im Extremfall dann eindeutig geschieht, wenn die Komponenten einer künstlichen Reihe genau gleich definiert werden wie in einem bestimmten Saisonbereinigungsverfahren.

auf "Lehrbuch-Prozesse" allerdings der Komplexität ökonomischer Prozesse angemessen ist, muß bezweifelt werden. Gibt man diese restriktiven Vorstellungen auf, dann sind allerdings auch andere methodische Konzepte der Zeitreihenanalyse heranzuziehen, als die in den heute gängigen Verfahren üblich sind. Darauf wird noch ausführlich einzugehen sein. Beiläufig sei hier noch darauf hingewiesen, daß die Vorstellung eines "glatten" Verlaufs von Komponenten ökonomischer Zeitreihen möglicherweise ihre Wurzel im übermäßigen Gebrauch einfacher gleitender Durchschnitte hat, wie er in der traditionellen Zeitreihenanalyse üblich war. Es läßt sich nämlich unschwer nachweisen, daß solche Durchschnitte im allgemeinen "schlechte" Tiefpaßfilter und eigentlich nur für Komponenten geeignet sind, deren spektrale Masse ausschließlich in der Frequenz Null konzentriert ist. (Vgl. z. B. STIER, 37)

Zweifellos liegt die eigentliche Problematik einer Zerlegung von Zeitreihen in Komponenten darin, daß diese Komponenten ökonomisch nur vage definiert sind. Man hat nun im Laufe der Zeit versucht, diese offensichtliche Schwäche dadurch zu umgehen, daß man stärker formalisierten Komponenten-Definitionen den Vorzug gab. Solche ergeben sich mit Hilfe von Konzepten, die der Spektralanalyse entlehnt sind. Danach ist z. B. die Saisonkomponente als diejenige Komponente einer Zeitreihe definiert, deren spektrale Masse in den Frequenzen $\frac{2\pi k}{12}$ $(k = 1,2,\ldots,6)$ konzentriert ist, genauer: innerhalb "kleiner" Intervalle um diese Frequenzen. Sicherlich ist eine derartige Definition von einem formal-mathematischen Standpunkt aus betrachtet erheblich präziser als eine nur "deskriptive" Definition. Allerdings ist eine solche Definition immer noch unvollständig, da ja die Breite dieser Intervalle undefiniert bleibt. Es läßt sich mit Hilfe der Spektralanalyse exakt nur definieren, was <u>nicht</u> unter der Saisonkomponente einer ökonomischen Zeitreihe verstanden werden soll. Zwei Extremfälle sind denkbar: die Saisonkomponente wird durch ein "Linien-Spektrum" definiert bzw. durch ein "flaches Spektrum", d. h.

ihre Spektraldichte ist konstant im gesamten Frequenzintervall. Eine Definition durch ein Linienspektrum impliziert die Vorstellung, daß saisonale Bewegungen exakt periodisch verlaufen, eine Vorstellung, der keinerlei reale Bedeutung zukommt, da exakt-periodische Bewegungsabläufe mathematische Fiktionen darstellen, die sich selbst im Bereich der Naturwissenschaften, wie z. B. in der Astronomie, als unrealistisch erweisen. Andererseits würde eine Definition durch ein flaches Spektrum bedeuten, daß saisonale Bewegungen völlig unstrukturiert verlaufen, also einen reinen Zufallsprozeß darstellen. Diese Vorstellung ist natürlich absurd, denn sie wäre gleichbedeutend damit, daß das Phänomen "Saison" realiter gar nicht existierte. Realistisch ist deshalb nur der Fall, der zwischen diesen beiden Extremen liegt. Je "regelmäßiger" eine Saisonkomponente verlaufen soll, um so enger sind die Intervallbreiten zu definieren und umgekehrt. Aber so lange diese Breiten nicht objektiv festzulegen sind [1)], bleibt eben eine auf der Grundlage der Spektralanalyse vollzogene Definition der Saisonkomponente, d. h. also, eine Definition im Frequenzbereich, unvollständig.

Es ist heute üblich geworden, die Transferfunktionen der bei Saisonbereinigungsverfahren eingesetzten Filter zu berechnen und explizit anzugeben. Diese Transferfunktionen lassen letzten Endes die im jeweiligen Verfahren implizierte Definition der relevanten Komponenten im Frequenzbereich erkennen [2)], sofern sie überhaupt interpretierbar sind. Das bedeutet aber

---

1) Eine Untersuchung dieser Möglichkeit erfolgt in Abschnitt 3.2.3.

2) Den heute praktizierten Verfahren ist gemeinsam, daß zuerst Filter konzipiert und dann deren Transferfunktionen analysiert werden. Zweckmäßiger scheint der umgekehrte Weg zu sein. Darauf wird noch in Abschnitt 3.3 eingegangen.

wiederum, daß z. B. unterschiedliche Bandbreiten [1] bei der saisonalen Komponente eine unterschiedliche Definition dieser Komponente implizieren. Somit ergibt sich also auch bei einer Betrachtung der Definitionsprobleme im Frequenzbereich, daß die mit Hilfe von verschiedenen Verfahren bereinigten Zeitreihen prinzipiell unvergleichbar sind.

---

1) Auf eine Diskussion des in der Literatur mit verschiedenen Inhalten belegten Begriffes "Bandbreite" sei hier verzichtet. Hier ist einfach die Länge der oben erwähnten Intervalle gemeint. Vorausgesetzt ist dabei nur, daß sich diese bei den praktizierten Verfahren hinreichend genau ermitteln und vergleichen lassen.

3.2.3. Verknüpfung von Zeitbereichsanalyse und Frequenzbereichsanalyse?

Bei den Saisonbereinigungsverfahren, die von der Annahme ausgehen, daß sich die Trajektorien der einzelnen Teilprozesse durch geschlossene mathematische Ausdrücke mindestens innerhalb im Vergleich zur Gesamtlänge der vorliegenden Zeitreihe relativ kurzen Zeitintervalle darstellen lassen, stellt sich das Problem, die unbekannten Parameter, die in diesen Ausdrücken enthalten sind, zu schätzen. Sowohl beim Berliner Verfahren als auch beim ASA-II-Verfahren z. B. werden dafür Schätzfunktionen in Form von gleitenden Durchschnitten verwendet, deren Gewichte mit Hilfe der Methode der kleinsten Quadrate bestimmt werden. Dieser Ansatz, der in seiner ursprünglichen Form auf WEICHSELBERGER zurückgeht, führt zu linearen erwartungstreuen Schätzfunktionen mit minimaler Varianz (WEICHSELBERGER, 40). Somit genügen diese gleitenden Durchschnitte zunächst einmal Optimalitätskriterien, deren Beachtung im Rahmen der statistischen Schätztheorie üblich ist. Allerdings sind diese Kriterien nur im Zeitbereich definiert. Deshalb sind so konstruierte gleitende Durchschnitte oder Filter nur in diesem Bereich als "optimal" anzusehen. Damit ist aber noch nichts über irgendwelche "Optimal-Eigenschaften" der Transferfunktionen dieser Filter im Frequenzbereich ausgesagt. Auffallend ist bei den erwähnten Verfahren die Tatsache, daß solche weder explizit formuliert noch implizit in den verwendeten Algorithmen erkennbar sind. Vielmehr werden die Transferfunktionen der jeweiligen Filter nur nach Augenschein auf unerwünschte Absorptions- und Verstärkungseffekte untersucht und schließlich diejenigen Filter herangezogen, deren Transferfunktionen jeweils "am besten" mit den intendierten "idealen" Transferfunktionen übereinstimmen. Es dürfte klar sein, daß ein solches Verfahren unbefriedigend ist, da bei der Filterauswahl weder Approximations- noch sonstige Gütekriterien exakt definiert und berücksichtigt werden. Infolgedessen ist die Filterauswahl in diesen Verfahren letzten Endes das Resultat eines mehr oder weniger planlosen Herumprobierens. Nur so ist es zu verstehen, daß z. B. beim Berliner Verfahren über 200 Filter auf ihre Transferfunktionen hin untersucht wurden (NULLAU, 24). Anscheinend ist diese "Probiererei" bei diesem Verfahren bis heute nicht zu Ende gekommen (Vgl. NOURNEY, 23). Bei einem derartigen Vorgehen steht im Hintergrund die Vorstellung einer "idealen" Transferfunktion. Diese Vorstellung impliziert aber bzw. ist äquivalent einer Definition der jeweiligen Komponente im Frequenzbereich. Wenn z. B. als ideale Transferfunktion eines Saisonkomponenten-Filters die Funktion

$$T(\lambda) = \begin{cases} 1 & \text{für } \lambda = k\,\lambda \pm \delta \\ 0 & \text{sonst} \end{cases}$$

$$\lambda = \frac{2\pi}{12}, \quad k = 1,2,\ldots,6$$

angesehen wird (Vgl. z. B. HEILER, 13), dann heißt das doch nichts anderes, als daß damit eine Definition dieser Komponente im Frequenzbereich formuliert wird. Konkret ist in diesem Beispiel die Saisonkomponente als Realisation eines stochastischen Prozesses definiert, dessen spektrale Masse in den angegebenen Frequenzbändern der Länge 2 δ konzentriert ist. Wie oben schon ausgeführt, ist eine so vollzogene Definition aber so lange unvollständig, so lange die Größe δ nicht bestimmt ist. Die Frage ist nun hier, ob sich diese Größe prinzipiell für diesen und/oder andere Idealfilter in irgendeiner sinnvollen Weise, d. h. also mittels Kriterien der statistischen Schätztheorie, objektiv festlegen läßt. Wäre das möglich, dann ließe sich in der Tat eine Brücke schlagen zwischen einer Zeitreihenanalyse im Zeitbereich und einer Zeitreihenanalyse im Frequenzbereich, also Bereichen, die bisher offensichtlich nur lose miteinander verknüpft sind.

Die Untersuchung dieses Problems erfordert recht umfangreiche Ableitungen. Dabei werden eine Reihe von idealen Voraussetzungen gemacht, was für eine Analyse eines prinzipiellen Problems sicherlich gerechtfertigt ist. Falls eine positive Problemlösung existiert, müßte dann in einem zweiten Schritt nach der praktischen Bedeutung bzw. Verwertbarkeit dieser Lösung gefragt werden.

Ausgangspunkt ist zunächst ein denkbar einfaches Zeitreihenmodell:

$$X(t) = S(t) + N(t)$$

Dabei sei S(t) ein Saisonprozeß und N(t) ein Restprozeß. Es wird nun angenommen, daß die analytische Form dieser Prozesse bzw. ihre Spektren bekannt sind. Für S(t) wird der allgemein bekannte Hannansche Saisonprozeß unterstellt und für N(t) ein "white-noise"-Prozeß. Für diesen Saisonprozeß ergeben sich für Autokovarianzfunktion, Varianz und Spektrum die Ausdrücke:

$$\gamma(\tau) = \sum_{i=1}^{6} \frac{\sigma_i^2 \, \rho_i^{|\tau|}}{1 - \rho_i^2} \cos\tau\gamma_i \quad , \quad \tau = 0, \pm 1 \pm 2, \ldots$$

$$\mathrm{Var}\, S(t) = \sum_{i=1}^{6} \frac{\sigma_i^2}{1 - \rho_i^2} \quad , \quad |\rho_i| < 1$$

und

$$S_{ss}^{*}(\lambda) = \frac{1}{4\pi} \sum_{i=1}^{6} \left[\frac{\sigma_i^2}{1+\rho_i^2 - 2\,\rho_i \cos(\lambda-\lambda_i)} + \frac{\sigma_i^2}{1+\rho_i^2 - 2\,\rho_i \cos(\lambda+\lambda_i)} \right]$$

mit $\lambda_i = \frac{2\pi i}{12}$, $i = 1,2,\ldots,6$, $|\lambda| < \pi$

Für die Koeffizienten $\alpha_i(t)$ und $\beta_i(t)$ des trigonometrischen Polynoms gelten dabei die Beziehungen

$$\alpha_i(t) = \rho_i \alpha_i(t-1) + \varepsilon_i(t)$$

$$\beta_i(t) = \rho_i \beta_i(t-1) + \zeta_i(t)$$

$$E[\alpha_i(t)]=E[\beta_i(t)] = 0 \quad ,$$

$$E[\varepsilon_i(t)]=E[\zeta_i(t)] = 0$$

wobei ρ_i der Autokorrelationskoeffizient erster Ordnung von $\alpha_i(t)$ bzw. $\beta_i(t)$ ist. σ_i^2 bezeichnet die Varianz von $\varepsilon_i(t)$ bzw. $\zeta_i(t)$. (Vgl. HANNAN, 12).

Da N(t) als reiner Zufallsprozeß mit Erwartungswert Null angesehen wird, gilt für das Spektrum dieses Prozesses

$$S^*_{NN}(\lambda) = \frac{1}{2\pi} \text{Var } N(t) = \text{const.} \quad , \quad |\lambda| < \pi$$

Da die Prozesse S(t) und N(t) schwach-stationär sind, ist X(t) schwach-stationär. Für den Erwartungswert, die Varianz und das Spektrum dieses Prozesses gelten die Ausdrücke:

$$E[X(t)] = E[S(t)] + E[N(t)] = 0$$

$$\text{Var } X(t) = \text{Var } S(t) + \text{Var } N(t)$$

$$S^*_{XX}(\lambda) = S^*_{SS}(\lambda) + S^*_{NN}(\lambda) \quad , \quad |\lambda| < \pi$$

wenn zusätzlich noch postuliert wird:

$$\text{Cov}[S(t),N(t)] = 0 \quad , \quad \forall\, t$$

d. h. wenn also die Prozesse S(t) und N(t) als unkorreliert angenommen werden.

Für das Folgende ist es zweckmäßig, mit einem normierten Spektrum für den Prozeß X(t) zu arbeiten. Dieses ergibt sich aus $S^*_{XX}(\lambda)$ durch Division mit Var X(t), wobei gilt

$$\text{Var } X(t) = \int_{-n}^{\pi} S^*_{SS}(\lambda)\, d\lambda$$

Für die Spektren der Teilprozesse S(t) und N(t) ergeben sich dann die Ausdrücke

$$S_{SS}(\lambda) \quad := \quad S^*_{SS}(\lambda) \quad / \quad \mathrm{Var}\ X(t)$$

$$S_{NN}(\lambda) \quad := \quad S^*_{NN}(\lambda) \quad / \quad \mathrm{Var}\ X(t)$$

und es gilt für das normierte Spektrum des Gesamtprozesses

$$S_{XX}(\lambda) \quad = S_{SS}(\lambda) + S_{NN}(\lambda) \quad , \qquad |\lambda| < \pi$$

Nun ist

$$1 - \frac{\mathrm{Var}\ N(t)}{\mathrm{Var}\ X(t)} = \frac{\mathrm{Var}\ S(T)}{\mathrm{Var}\ X(t)} > 0$$

Daraus folgt

$$1 - 2\pi\ S_{NN}(\lambda) < 0$$

d. h.

$$S_{NN}(\lambda) < \frac{1}{2\pi}$$

Weiter folgt aus

$$N_0 := S_{NN}(\lambda) = \frac{1}{2\pi}\ \frac{\mathrm{Var}\ N(t)}{\mathrm{Var}\ X(t)}$$

die Beziehung

$$N_0 = \frac{1}{2\pi}\ \frac{\mathrm{Var}\ N(t)}{\mathrm{Var}\ S(t) + \mathrm{Var}\ N(t)}$$

$$= \frac{1}{2\pi}\ \frac{1}{1 + \frac{\mathrm{Var}\ S(t)}{\mathrm{Var}\ N(t)}}$$

Für das vorliegende Zeitreihenmodell, das offensichtlich vom Typ "signal plus noise" ist, muß sinnvollerweise angenommen werden, daß gilt

$$\text{Var}\, S(t) >> \text{var}\, N(t)$$

Somit gilt für das Spektrum des Rauschprozesses

$$0 < N_0 << 1 \quad .$$

Ziel der Zeitreihenanalyse sei es nun, das "Signal" S(t) durch einen linearen Filter zu schätzen. Die Schätzfunktion sei

$$\hat{S}(t) := \sum_{k=-\infty}^{\infty} h_S(k)\; X(t-k)$$

mit $$E[\hat{S}(t)] = 0$$

wobei $h_S(k)$ die Impuls-Antwortfunktion des Filters ist. (Das Suffix S soll auf "Saison" hinweisen). Vorausgesetzt wird, daß die Zeitreihe X(t) "unendlich" lang ist. Der Schätzfehler sei durch die Differenz

$$F(t) := S(t) - \hat{S}(t)$$

definiert.

Der Filter soll nun so gewählt werden, daß gilt

$$Q := E[F^2(t)] = E[S(t) - \hat{S}(t)]^2 = \text{Min.} \quad ,$$

d. h. $\hat{S}(t)$ soll eine lineare Schätzfunktion für S(t) sein mit minimalem mittlerem quadratischen Fehler. Existiert ein solcher Filter, dann ist

$$\hat{N}(t) := X(t) - \hat{S}(t)$$

eine Schätzfunktion für N(t) mit minimalem mittlerem quadratischen Fehler, denn es ist

$$\begin{aligned} E[N(t) - \hat{N}(t)]^2 &= E[N(t) - \{X(t) - \hat{S}(t)\}]^2 \\ &= E[N(t) - \{S(t) + N(t) - \hat{S}(t)\}]^2 \\ &= E[S(t) - \hat{S}(t)]^2 \quad . \end{aligned}$$

Umgekehrt folgt daraus, daß

$$\hat{S}(t) = X(t) - \hat{N}(t)$$

eine Schätzfunktion für S(t) ist mit minimalem mittlerem quadratischen Fehler, wenn

$$\hat{N}(t) := \sum_{k=-\infty}^{\infty} h_N(k)\ X(t-k)$$

eine solche ist für N(t), wobei $h_N(k)$ die Impuls-Antwortfunktion des Noise-Filters ist. In diesem einfachen additiven Zeitreihenmodell ist es also prinzipiell gleichgültig, für welchen Teilprozeß ein Filter konzipiert wird, die jeweils interessierende Komponente ergibt sich immer durch eine einfache Operation. Der im Folgenden öfters verwendete Begriff "Saisonfilter" ist doppeldeutig. "Filtern" kann hier bedeuten: Schätzen von S(t) oder Eliminierung (d. h. also "Ausfiltern") von S(t), also primär Schätzen von N(t) und erst sekundär Schätzen von S(t) durch Differenzenbildung.

Aus der Autokovarianzfunktion

$$R_{FF}(\tau) := E[S(t)-\hat{S}(t)][S(t+\tau) - \hat{S}(t+\tau)],\ \tau = 0,\pm 1,\pm 2,...$$

des "Fehler-Prozesses" F(t) ergibt sich für den mittleren quadratischen Fehler

$$Q = R_{FF}(0)$$

Nun ist aber

$$R_{FF}(0) = \frac{1}{2\pi}\int_{-\pi}^{\pi} S_{FF}(\lambda)\ d\ \lambda \quad ,\ |\lambda| < \pi$$

wobei $S_{FF}(\lambda)$ das Spektrum des Fehlerprozesses F(t) ist. Kann $S_{FF}(\lambda)$ bestimmt werden, dann ist der mittlere quadratische Fehler des Saisonfilters S(t) im Freqenzbereich gegeben und die oben diskutierte Problemstellung kann untersucht werden.

Die Autokovarianzfunktion $R_{FF}(\tau)$ des Fehlerprozesses $F(t)$ läßt sich nun als Summe von Autokovarianz- bzw. Kreuzkovarianzfunktionen darstellen:

$$R_{FF}(\tau) = R_{SS}(\tau) - R_{S\hat{S}}(\tau) - R_{\hat{S}S}(\tau) + R_{\hat{S}\hat{S}}(\tau) \quad , \tau=0,\pm1,\pm2,...$$

mit

$$R_{SS}(\tau) := E[S(t)\ S(t+\tau)] \quad , \quad \tau = 0,\ \pm1,\ \pm2,...$$

$$R_{S\hat{S}}(\tau) := E[S(t)\ \hat{S}(t+\tau)] \quad , \quad \tau = 0,\ \pm1,\ \pm2,...$$

$$R_{\hat{S}S}(\tau) := E[\hat{S}(t)\ S(t+\tau)] \quad , \quad \tau = 0,\ \pm1,\ \pm2,...$$

$$R_{\hat{S}\hat{S}}(\tau) := E[\hat{S}(t)\ \hat{S}(t+\tau)] \quad , \quad \tau = 0,\ \pm1,\ \pm2,...$$

Durch Multiplikation von $R_{FF}(\tau)$ mit $e^{-i\lambda\tau}$ und Summation ergibt sich:

$$S_{FF}(\lambda) = S_{SS}(\lambda) - S_{S\hat{S}}(\lambda) - S_{\hat{S}S}(\lambda) + S_{\hat{S}\hat{S}}(\lambda) \quad , \quad |\lambda| < \pi$$

(Da sowohl $S(t)$ als auch $\hat{S}(t)$ schwach stationär sind, existieren $S_{SS}(\lambda)$, $S_{S\hat{S}}(\lambda)$, $S_{\hat{S}S}(\lambda)$ sowie $S_{\hat{S}\hat{S}}(\lambda)$).

Bekannt ist zunächst nur $S_{SS}(\lambda)$. Bestimmt werden müssen noch das Spektrum $S_{\hat{S}\hat{S}}(\lambda)$ sowie die Kreuzspektren $S_{S\hat{S}}(\lambda)$ und $S_{\hat{S}S}(\lambda)$.

Es ist

$$S_{S\hat{S}}(\lambda) := \sum_{\tau=-\infty}^{\infty} R_{S\hat{S}}(\tau)\ e^{-i\lambda\tau} \quad , \quad \tau = 0,\pm1,\pm2,...$$

$$= \sum_{\tau=-\infty}^{\infty} E[S(t)\ \hat{S}(t+\tau)]e^{-i\lambda\tau}$$

mit

$$\hat{S}(t+\tau) = \sum_{k=-\infty}^{\infty} h_S(k)\ X(t+\tau-k) \quad , \quad \tau = 0,\pm1,\pm2,...$$

Das Signal (t) läßt sich ebenfalls formal durch eine "Filtergleichung" darstellen:

$$S(t) = \sum_{k=-\infty}^{\infty} h(k)\ S(t-k)$$

wenn für die Impuls-Antwortfunktion h(k) gilt:

$$h(k) = \begin{cases} 1 & \text{für } k = 0 \\ 0 & \text{für } k \neq 0 \end{cases}$$

Dies ist nämlich die Impuls-Antwortfunktion eines "Allpass-Filters, d. h. also eines Filters mit der Frequenz-Antwortfunktion

$$T(\lambda) = 1 \quad , \qquad |\lambda| \leq \pi$$

denn es ist:

$$h(k) = \frac{1}{2\pi} \int_{-\pi}^{\pi} T(\lambda)\ e^{i\lambda k}\ d\lambda$$

und daraus folgen

$$h(k) = 1, \quad k = 0$$

sowie

$$h(k) = \frac{1}{\pi k} \sin \pi k, \qquad k \neq 0$$

d. h. $\qquad h(k) = 0 \ , \qquad k \neq 0 \quad .$

Für das Kreuzspektrum zwischen S(t) und $\hat{S}(t)$ folgt damit der Ausdruck:

$$S_{S\hat{S}}(\lambda) = \sum_{\tau=-\infty}^{\infty} E[\sum_{k=-\infty}^{\infty} h(k) S(t-k) \sum_{k=-\infty}^{\infty} h_S(k) X(t+\tau-k)] e^{-i\lambda\tau}$$

$$= \sum_{k=-\infty}^{\infty} h(k) \sum_{l=-\infty}^{\infty} h_S(l) \sum_{\tau=-\infty}^{\infty} R_{SX}(\tau+k-l)\ e^{-i\lambda\tau}$$

mit

$$R_{SX}\ (\tau+k-l) := E[S(t-k) X(t+\tau-l)] \quad .$$

Mit

$$m := \tau + k - 1$$

ergibt sich daraus

$$S_{S\hat{S}}(\lambda) = \sum_{k=-\infty}^{\infty} h(k) \sum_{l=-\infty}^{\infty} h_S(l) \sum_{\tau=-\infty}^{\infty} R_{SX}(m)\ e^{-i\lambda\ (m+l-k)}$$

$$= \sum_{k=-\infty}^{\infty} h(k)\ e^{i\lambda k} \sum_{l=-\infty}^{\infty} h_S(l) e^{-i\lambda l} \sum_{m=-\infty}^{\infty} R_{SX}(m)\ e^{-i\lambda m}$$

$$= \overline{T}(\lambda)\ T_S(\lambda)\ S_{SX}(\lambda)$$

Dabei sind $\overline{T}(\lambda)$ die Konjugiert-Komplexe der Frequenz-Antwortfunktion des Allpass-Filters, $T_S(\lambda)$ die Frequenz-Antwortfunktion des Filters $\hat{S}(t)$ und $S_{SX}(\lambda)$ das Kreuzspektrum der Prozesse X(t) und S(t). Da T(λ) reell ist und für alle Frequenzen den Wert Eins annimmt, kann schließlich geschrieben werden:

$$S_{S\hat{S}}(\lambda) = T_S(\lambda)\ S_{SX}(\lambda)$$

Ganz analog erhält man ähnliche Beziehungen für $S_{\hat{S}S}(\lambda)$ und $S_{\hat{S}\hat{S}}(\lambda)$. Auf eine explizite Herleitung kann deshalb verzichtet werden . Es ist:

$$S_{\hat{S}S}(\lambda) = \overline{T}_S(\lambda)\ S_{XS}(\lambda)$$

und

$$S_{\hat{S}\hat{S}}(\lambda) = |T_S|^2\ S_{XX}(\lambda) \quad ,$$

wobei $\overline{T}_S$ die Konjugiert-Komplexe der Frequenz-Antwortfunktion des Saisonfilters $\hat{S}(t)$, $|T_S|^2$ die Transferfunktion dieses Filters und $S_{XS}(\lambda)$ das Kreuzspektrum der Prozesse X(t) und S(t) bedeuten.

Mit diesen Ausdrücken läßt sich dann für das Spektrum $S_{FF}(\lambda)$ des Fehlerprozesses F(t) schreiben:

$$S_{FF}(\lambda) = S_{SS}(\lambda) - T_S(\lambda) S_{SX}(\lambda) - \overline{T}_S(\lambda) S_{XS}(\lambda) + |T_S(\lambda)|^2 S_{XX}(\lambda)$$

Dieser Ausdruck läßt sich noch vereinfachen. Es ist nämlich:

$$\begin{aligned} R_{SX}(\tau) &= E[S(t)S(t+\tau)] \\ &= E\{S(t)[S(t+\tau)+N(t+\tau)] \\ &= E[S(t)S(t+\tau)]+E[S(t)N(t+\tau)] \\ &= R_{SS}(\tau) \quad , \end{aligned}$$

da S(t) und N(t) voraussetzungsgemäß unkorreliert sind. Daher ist

$$S_{SX}(\lambda) = S_{SS}(\lambda)$$

Ebenso einfach folgt die Beziehung

$$S_{XS}(\lambda) = S_{SS}(\lambda)$$

Zusammen mit dem Ausdruck

$$S_{XX}(\lambda) = S_{SS}(\lambda) + S_{NN}(\lambda)$$

folgt dann

$$S_{FF}(\lambda) = S_{NN}(\lambda)|T_S(\lambda)|^2 + S_{SS}(\lambda)[1-2 \operatorname{Re} T_S(\lambda) + |T_S(\lambda)|^2]$$

wobei Re $T_S(\lambda)$ den Realteil der Frequenz-Antwortfunktion des Saisonfilters bezeichnet.

Damit ergibt sich schließlich für den mittleren quadratischen Fehler der Schätzfunktion $\hat{S}(t)$, d. h. also des Saisonfilters, der Ausdruck:

$$Q[T_S(\lambda)] = \frac{1}{2\pi} \int_{-\pi}^{\pi} S_{NN}(\lambda) \, T_S^2(\lambda) d\lambda + \frac{1}{2\pi} \int_{-\pi}^{\pi} S_{SS}(\lambda) [T_S(\lambda)-1]^2 \, d\lambda$$

wenn $T_S(\lambda)$ als rein reell angenommen wird, was für die nachstehenden Untersuchungen zweckmäßig ist, da in vorliegendem Zusammenhang evtl. Phasenverschiebungen des Saisonfilters nicht interessieren. Mit diesem Ausdruck ist eine Beziehung zwischen dem Zeitbereich und dem Frequenzbereich hergestellt. Es zeigt direkt die Abhängigkeit des mittleren quadratischen Fehlers des im Zeitbereich definierten Filters $\hat{S}(t)$ von seiner Frequenz-Antwortfunktion bzw. Transferfunktion.

Die nachfolgenden Untersuchungen basieren nun auf folgenden Überlegungen: Ausgangspunkt ist die Wahl verschiedener "idealer" Transferfunktionen, die jeweils bis auf einen zu bestimmenden Parameter spezifiziert sind. Wie oben dargelegt wurde, ist mit der vollständigen Spezifikation einer Transferfunktion die jeweils auszufilternde Komponente, also hier: die Saisonkomponente, im Frequenzbereich eindeutig definiert.
Es wird nun versucht, den a priori unbestimmten Parameter jeweils "optimal" festzulegen. Dabei soll immer derjenige Parameterwert als optimal angesehen werden, der den mittleren quadratischen Fehler der Schätzfunktion $\hat{S}(t)$ minimiert. Existieren derartige optimale Transferfunktionen, dann könnte prinzipiell die oben diskutierte Unvollständigkeit von Komponentendefinitionen im Frequenzbereich behoben werden.
Für den Problemkreis "Saisonbereinigung" hieße das, daß die relevanten Bandbreiten eindeutig und objektiv bestimmbar wären. Damit könnte die oben als bislang unvollständig charakterisierte Definition der Saisonkomponente einer ökonomischen Zeitreihe durch Konzepte aus der Spektralanalyse nun eindeutig vollzogen werden.

Im einzelnen werden im Folgenden fünf Transferfunktionen untersucht, die immer wieder in der Literatur und/oder bei Diskussionen als "ideal" für die Saisonbereinigung angesehen werden. Außerdem liegt die Wahl dieser Transferfunktionen hier nahe, da bei der im Zeitreihenmodell zugrunde gelegten Hannanschen Saisonfigur das korrespondierende Spektrum $S^*_{SS}(\lambda)$ die Eigenschaft hat, daß seine spektrale Masse in den saisonalen Frequenzen konzentriert ist.

Von den zu analysierenden fünf Transferfunktionen sind drei Filtern zuzuordnen, die als "Selektionsfilter" bekannt sind. Die Transferfunktionen solcher Filter haben die Eigenschaft, daß sie intervallweise konstant sind. Diese sollen zuerst betrachtet werden. Anschließend werden zwei Transferfunktionen eines anderen Filtertyps untersucht. Prinzipiell lassen sich die den einzelnen Transferfunktionen korrespondierenden Filterkoeffizienten durch die Beziehung

$$h_S(k) = \frac{1}{2\pi} \int_{-\pi}^{\pi} T_S(\lambda)\ e^{i\lambda k} d\lambda, \quad k = 0, \pm 1, \pm 2, ..$$

ermitteln. Darauf wird aber im Folgenden verzichtet, da es im vorliegenden Zusammenhang nicht um das Problem der Konstruktion von Filtern geht. Dazu soll erst weiter unten Stellung genommen werden. Es sei hier lediglich schon angemerkt, daß der mittlere quadratische Fehler von $\hat{S}(t)$ auch dann von Null verschieden wäre, wenn die zu diskutierenden Ideal-Filter realisiert werden könnten. Ideal-Filter implizieren also nicht eine fehlerlose Schätzung, wie das Adjektiv "ideal" eventuell suggerieren könnte. Das wäre im vorliegenden Zeitreihenmodell nämlich nur dann der Fall, wenn sich die Spektren von S(t) und N(t) nicht überlappen würden, was offensichtlich der Fall ist.

Die erste Transferfunktion ist wie folgt definiert:

$$T^2_{S,I}(\lambda) := \begin{cases} 0 \text{ für } 0 < \lambda < \frac{2\pi}{12} - \delta & \\ 1 \text{ für } \frac{2\pi k}{12} - \delta < \lambda < \frac{2\pi k}{12} + \delta & , k = 1,...,5 \\ 0 \text{ für } \frac{2\pi k}{12} + \delta < \lambda < \frac{2\pi(k+1)}{12} - \delta & , k = 1,...,5 \\ 1 \text{ für } \pi - \delta < \lambda < \pi & \end{cases}$$

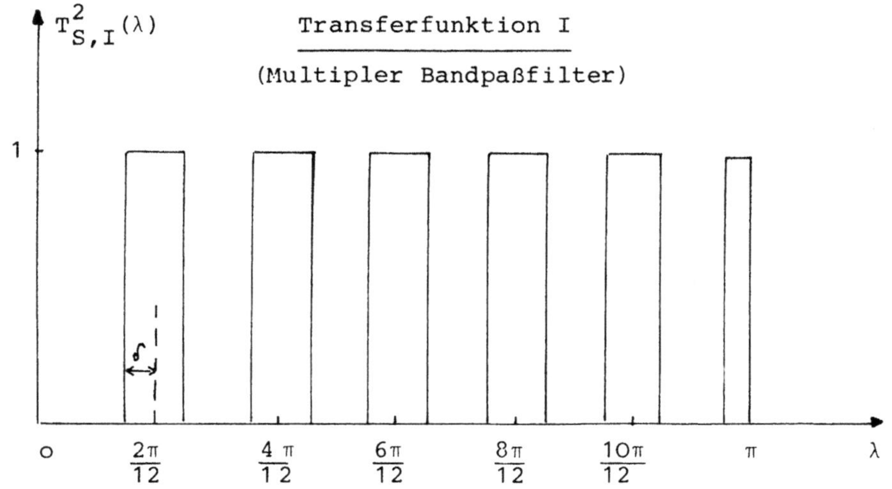

Transferfunktion I

(Multipler Bandpaßfilter)

Dies ist die Transferfunktion eines multiplen Bandpassfilters mit der Bandbreite 2 δ. Diese Funktion ist vollständig spezifiziert, wenn der Parameter δ konkretisiert ist. Damit wäre dann die Saisonkomponente im Frequenzbereich vollständig definiert. Die Frage ist nun, ob sich δ im oben diskutierten Sinn bestimmen läßt.

Da für die folgenden Abteilungen immer gilt:

$$S_{NN}(-\lambda) = S_{NN}(\lambda) \quad , \quad |\lambda| < \pi$$

$$S_{SS}(-\lambda) = S_{SS}(\lambda) \quad , \quad |\lambda| < \pi$$

$$T_S(-\lambda) = T_S(\lambda) \quad , \quad |\lambda| < \pi$$

kann für den mittleren quadratischen Fehler in Abhängigkeit von der jeweils gewählten Transferfunktion geschrieben werden:

$$Q[T_S(\lambda)] = \frac{1}{\pi}\int_0^\pi S_{NN}(\lambda)\ T_S^2(\lambda)\ d\lambda + \frac{1}{\pi}\int_0^\pi S_{SS}(\lambda)[T_S(\lambda)-1]^2 d\lambda \quad ,$$

$$0 < \lambda < \pi \quad .$$

Wie aus der Definition von $T^2_{S,I}(\lambda)$ ersichtlich ist, muß für die Berechnung von $Q[T_{S,I}(\lambda)]$ das Intervall $[0,\pi]$ in 12 Teilintervalle zerlegt werden. Im einzelnen ergeben sich für diese Intervalle folgende Resultate:

a) Intervall $J_0 := [0, \frac{2\pi}{12} - \delta)$

$$Q_{J_0} = \frac{1}{\pi}\int_0^{\frac{2\pi}{12}-\delta} S_{SS}(\lambda)\ d\lambda = \frac{1}{\pi\ \mathrm{Var}X(t)} \int_0^{\frac{2\pi}{12}-\delta} S^*_{SS}(\lambda)\ d\lambda$$

Grundsätzliche Schwierigkeiten bereiten bei dieser wie auch bei den anderen Transferfunktionen die jeweiligen Integrale der Funktion $S^*_{SS}(\lambda)$. Diese führen nämlich zu ziemlich komplizierten Ausdrücken, so daß die Frage, ob für $Q[T_S(\lambda)]$ ein eindeutiges Minimum bezüglich des Parameters δ existiert, nicht mehr auf analytischem Weg beantwortet werden kann. Ein Ausweg aus dieser Problematik kann wie folgt gefunden werden: da $S^*_{SS}(\lambda)$ stetig ist im Intervall $[0,\pi]$ und damit auch in jedem Teilintervall von $[0,\pi]$ gilt nach dem Mittelwertsatz der Integralrechnung für obiges bestimmtes Integral:

$$\int_0^{\frac{2\pi}{12}-\delta} S^*_{SS}(\lambda)\ d\lambda = \left(\frac{2\pi}{12} - \delta\right) S^*_{SS}(\xi_0) \quad , \quad 0 < \xi_0 < \frac{2\pi}{12} - \delta$$

Deshalb ist:

$$Q_{J_0} = \frac{1}{\pi}\ \frac{S^*_{SS}(\xi_0)}{\mathrm{Var}\ S(t)}\ \left(\frac{2\pi}{12} - \delta\right) \quad , \quad J_0 = [0, \frac{2\pi}{12} - \delta)$$

Bei den anderen Intervallen wird analog vorgegangen:

b) Intervalle $J_k := [\frac{2\pi k}{12} - \delta, \frac{2\pi k}{12} + \delta)$, $k = 1,\ldots,5$

$$Q_{J_k} = \frac{1}{\pi} \int_{\frac{2\pi k}{12} - \delta}^{\frac{2\pi k}{12} + \delta} N_O \, d\lambda \qquad = \frac{2}{\pi} N_O \, \delta$$

c) Intervalle $J_k^* := (\frac{2\pi k}{12} + \delta, \frac{2\pi(k+1)}{12} - \delta)$ $k=1,\ldots,5$

$$Q_{J_k^*} = \frac{1}{\pi} \int_{\frac{2\pi k}{12} + \delta}^{\frac{2\pi(k+1)}{12} - \delta} S_{SS}(\lambda)\, d\lambda = \frac{1}{\pi \, \mathrm{Var}X(t)} \int_{\frac{2\pi k}{12} + \delta}^{\frac{2\pi(k+1)}{12} - \delta} S_{SS}^*(\lambda)\, d\lambda$$

$$= \frac{1}{\pi} \frac{S_{SS}^*(\xi_k)}{\mathrm{Var}X(t)} \left(\frac{2\pi}{12} - 2\delta\right), \quad \frac{2\pi k}{12} + \delta < \xi_k < \frac{2\pi(k+1)}{12} - \delta$$

d) Intervall $J_{12} := [\pi-\delta, \pi]$

$$Q_{J_{12}} = \frac{1}{\pi} \int_{\pi-\delta}^{\pi} N_O \, d\lambda \qquad = \frac{1}{\pi} N_O \, \delta$$

Damit ergibt sich

$$Q[T_{S,I}(\lambda),\delta] = Q_{J_O} + \sum_{k=1}^{5} Q_{J_k} + \sum_{k=1}^{5} Q_{J_k^*} + Q_{J_{12}}$$

d. h.

$$Q[T_{S,I}(\lambda),\delta] = \frac{1}{\pi}\left[11N_O - \frac{1}{\mathrm{Var}X(t)} \left\{S_{SS}^*(\xi_O) + 2\sum_{k=1}^{5} S_{SS}^*(\xi_k)\right\}\right] +$$

$$+ \frac{1}{6\mathrm{Var}X(t)} \left[S_{SS}^*(\xi_O) + \sum_{k=1}^{5} S_{SS}^*(\xi_k)\right]$$

$$0 < \xi_O < \frac{2\pi}{12} - \delta$$

$$\frac{2\pi k}{12} + \delta < \xi_k < \frac{2\pi(k+1)}{12} - \delta$$

Der mittlere quadratische Fehler des multiplen Bandpassfilters ist also eine lineare Funktion seiner halben Bandbreite δ. Deshalb existiert kein Minimum für $Q[T_{S,I}(\lambda)]$ bezüglich dieses Parameters.
Die zweite Transferfunktion hat folgende Gestalt:

$$T^2_{S,II}(\lambda) := \begin{cases} 1 \text{ für } 0 < \lambda < \frac{2\pi}{12} - \delta & \\ 0 \text{ für } \frac{2\pi k}{12} - \delta < \lambda < \frac{2\pi k}{12} + \delta & k=1,\dots,5 \\ 1 \text{ für } \frac{2\pi k}{12} + \delta < 1 < \frac{2\pi(k+1)}{12} - \delta, & k=1,\dots,5 \\ 0 \text{ für } \pi - \delta < \lambda < \pi & \end{cases}$$

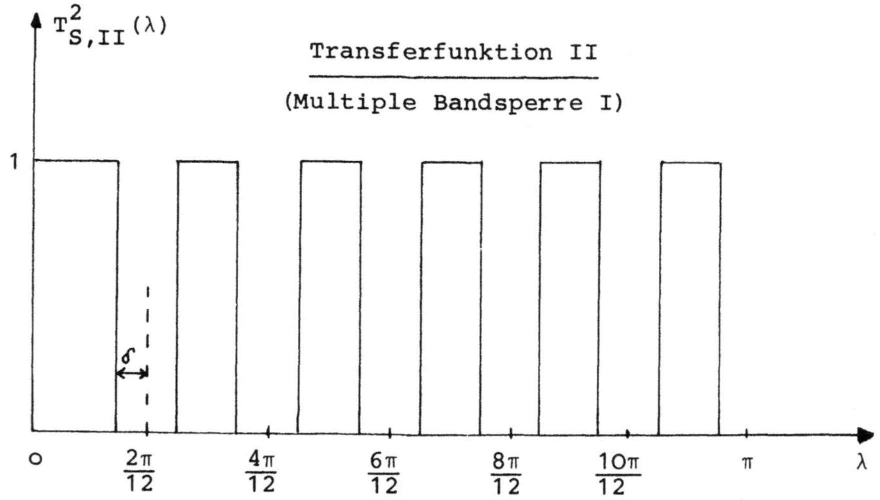

Diese multiple Bandsperre eliminiert, wie oben kommentiert, die Saisonkomponente und stellt deshalb zunächst ein Filter zur Ermittlung von N(t) dar.

Die Berechnung von $Q[T_{S,II}(\lambda)]$ verläuft ganz analog zur Berechnung von $Q[T_{S,I}(\lambda)]$. Deshalb sei auf eine explizite Ableitung verzichtet. Dasselbe gelte auch für die restlichen Transferfunktionen.

Es ist:

$$Q[T_{S,II}(\lambda),\delta]=\frac{1}{\pi}[-11N_O+\frac{1}{\mathrm{Var}X(t)}\{2\sum_{k=1}^{5}S_{SS}^{*}(\xi_k)+S_{SS}^{*}(\xi_{12})\}]\delta+N_O$$

$$\frac{2\pi k}{12}-\delta<\xi_k<\frac{2\pi k}{12}+\delta \quad , \quad k=1,\ldots,5$$

$$\pi-\delta<\xi_{12}<\pi$$

Auch für diesen Filter existiert kein minimaler mittlerer quadratischer Fehler bezüglich des Parameters δ.

Die dritte Transferfunktion stelle eine Modifikation der zweiten Transferfunktion dar. Sie nimmt in den Sperrbereichen nicht den Wert Null an, sondern ist dort jeweils gleich N_O, d. h. der entsprechende Filter soll möglichst wenig die Noise-Komponente tangieren. Diese Forderung wird in den einschlägigen Diskussionen immer wieder erhoben.

Diese Transferfunktion ist also:

$$T^2_{S,III}(\lambda) := \begin{cases} 1 & \text{für } 0<\lambda<\frac{2\pi}{12}-\delta \\ N_O & \text{für } \frac{2\pi k}{12}-\delta<\lambda<\frac{2\pi k}{12}+\delta \qquad k=1,\ldots,5 \\ 1 & \text{für } \frac{2\pi k}{12}+\delta<\lambda<\frac{2\pi(k+1)}{12}-\delta \quad , \; k=1,\ldots,5 \\ N_O & \text{für } \pi-\delta<\lambda<\pi \end{cases}$$

Transferfunktion III

(Multiple Bandsperre II)

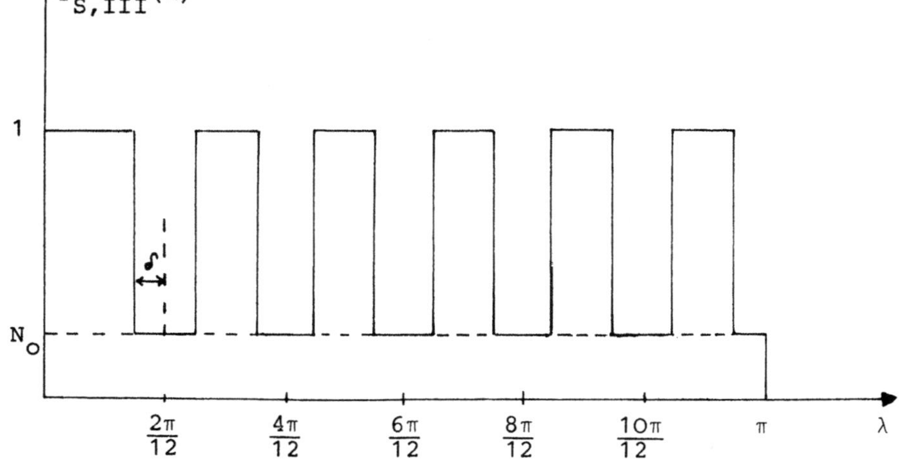

und für den zugehörigen mittleren quadratischen Fehler erhält man den Ausdruck

$$Q[T_{S,III}(\lambda),\delta]=\frac{1}{\pi}[11N_O(N_O-1)+\frac{(\sqrt{N_O}-1)^2}{\mathrm{Var}X(t)}\{2\sum_{k=1}^{5}S^*_{SS}(\xi_k)+S^*_{SS}(\xi_{12})\}]+N_O$$

$$\frac{2\pi k}{12}-\delta<\xi_k<\frac{2\pi k}{12}+\delta \quad , \quad \pi-\delta<\xi_{12}<\pi$$

$$k=1,\ldots,5$$

Auch für diesen Filter ergibt sich wiederum eine lineare Beziehung zwischen Schätzfehler und Bandbreite.

Bei der vierten Transferfunktion handelt es sich um die Transferfunktion eines multiplen Kerbenfilters. Ein solcher Filter wird z. B. von (MEISNER, 22) als "ideal" für die Saisonbereinigung angesehen. Die Transferfunktion lautet:

$$T^2_{S,IV}(\lambda) = \begin{cases} 1 & \text{für} \quad 0 < \lambda < \frac{2\pi}{12} - \delta \\ \frac{-\lambda}{\delta} + \frac{2\pi k}{12\delta} & \text{für} \quad \frac{2\pi k}{12} - \delta < \lambda < \frac{2\pi k}{12} \qquad k=1,\dots,6 \\ \frac{\lambda}{\delta} - \frac{2\pi k}{12\delta} & \text{für} \quad \frac{2\pi k}{12} < \lambda < \frac{2\pi k}{12} + \delta, \quad , k=1,\dots,5 \\ 1 & \text{für} \quad \frac{2\pi k}{12} + \delta < \lambda < \frac{2\pi(k+1)}{12} - \delta \quad , k=1,\dots,5 \end{cases}$$

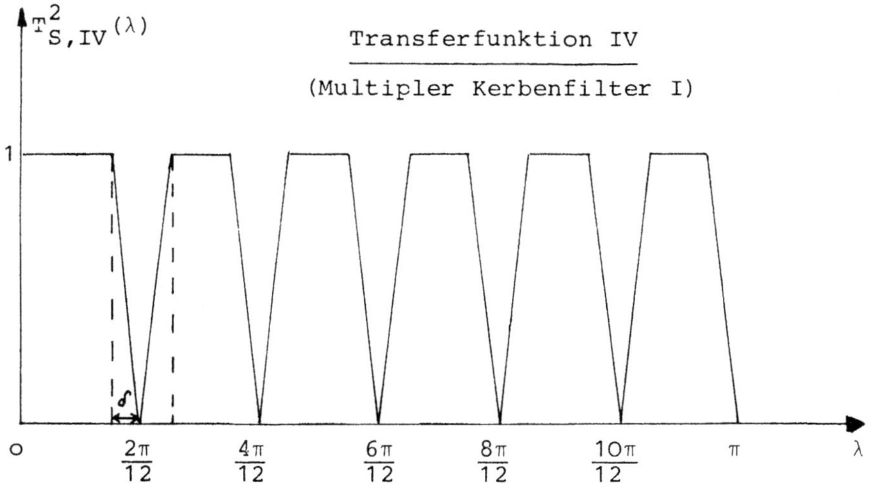

Offensichtlich eliminiert dieser Filter den Saisonprozeß.
Für diesen Filter ergibt sich:

$$Q[T_{S,IV}(\lambda),\delta] = \frac{1}{\pi}\left[-\frac{11}{2}N_0 + \frac{1}{6\text{Var}X(t)}\left\{\sum_{k=1}^{6} S^*_{SS}(\xi_k) + \sum_{k=1}^{5} S^*_{SS}(\zeta_k)\right\}\right] + N_0$$

$$\frac{2\pi k}{12} - \delta < \xi_k < \frac{2\pi k}{12} \quad , \quad k=1,\dots,6$$

$$\frac{2\pi k}{12} < \zeta_k < \frac{2\pi k}{12} + \delta \quad , \quad k=1,\dots,5$$

Auch hier zeigt sich wieder ein linearer Zusammenhang zwischen dem Parameter δ und dem mittleren quadratischen Fehler des Filters. Dasselbe ergibt sich auch für die letzte zu betrachtende Transferfunktion, die eine Modifikation der Transferfunktion IV darstellt, wobei diese Modifikation aus demselben Motiv wie bei der Transferfunktion II vorgenommen wurde.

Für diese Transferfunktion gilt:

$$T^2_{S,V}(\lambda) = \begin{cases} 1 & \text{für } 0 < \lambda < \frac{2\pi}{12} - \delta \\ 1 + \lambda\left(\frac{N_O-1}{\delta}\right) - \left(\frac{2\pi k}{12} - \delta\right)\left(\frac{N_O-1}{\delta}\right) & \text{für } \frac{2\pi k}{12} - \delta < \lambda < \frac{2\pi k}{12},\ k=1,\dots,6 \\ 1 - \left(\frac{N_O-1}{\delta}\right) + \left(\frac{2\pi k}{12} + \delta\right)\left(\frac{N_O-1}{\delta}\right) & \text{für } \frac{2\pi k}{12} < \lambda < \frac{2\pi k}{12} + \delta,\ k=1,\dots,5 \\ 1 & \text{für } \frac{2\pi k}{12} + \delta < \lambda < \frac{2\pi(k+1)}{12} - \delta,\ k=1,\dots,5 \end{cases}$$

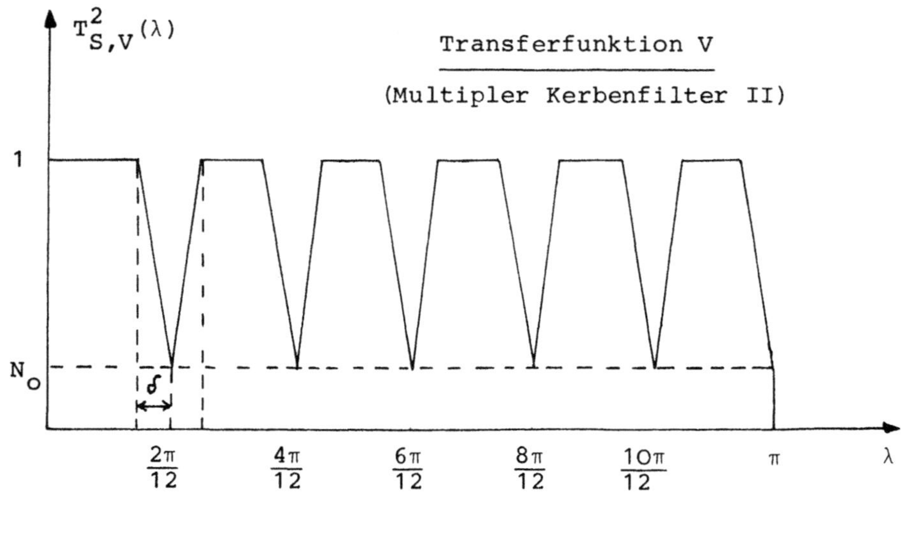

Es ist:

$$Q[T_{S,V}(\lambda),\delta] = \frac{1}{\pi}[\frac{11}{2}N_O(N_O-1) + \frac{1}{6\ \mathrm{VarX}(t)}\{3N_O+9-8\frac{N_O^{3/2}-1}{N_O-1}\} \times$$

$$\times \{\sum_{k=1}^{6} S^*_{SS}(\xi_k) + \sum_{k=1}^{5} S^*_{SS}(\zeta_k)\}]\delta + N_O$$

$$\frac{2\pi k}{12} - \delta < \xi_k < \frac{2\pi k}{12} \quad , \quad k=1,\dots,6$$

$$\frac{2\pi k}{12} < \zeta_k < \frac{2\pi k}{12} + \delta \quad , \quad k=1,\dots,5$$

Somit ergibt sich in allen fünf Fällen, daß der Parameter δ nicht optimal festzulegen ist. Dieses sicherlich etwas überraschende Resultat könnte nun darauf zurückzuführen sein, daß das zugrundeliegende Zeitreihenmodell zu einfach ist. Das Modell kann nun in zweifacher Hinsicht erweitert werden. Zunächst soll der Prozeß N(t) nicht mehr ein "white-noise"-Prozeßt sein, sondern ein Prozeß, dessen Spektrum nicht flach ist. Das Spektrum eines solchen "nicht-saisonalen" Prozesses könne in seinem Verlauf in Anlehnung etwa an (GRANGER, 10) als monoton fallend angenommen werden.[1]
Es ist jedoch leicht einzusehen, daß auch für dieses erweiterte Zeitreihenmodell die oben abgeleitete Linearität der Fehlerfunktionen $Q[T_S(\lambda)]$ bestehen bleibt. Offensichtlich wird von dieser Modifikation nur der erste Integralausdruck berührt, da $S_{NN}(\lambda)$ jetzt nicht mehr konstant ist. Mit Hilfe des Mittelwertsatzes der Integralrechnung ergibt sich jedoch wiederum nur ein Integral über $T_S^2(\lambda)$ und damit ändert sich prinzipiell nichts an den obigen Ergebnissen. Es sei noch angemerkt, daß für dieses erweiterte Zeitreihenmodell

---

1) Die Frage, ob GRANGER'S "typical spectral shape of an economic variable", das Resultat der verwendeten Schätztechnik bzw. spezieller Filteroperationen ist, soll hier nicht diskutiert werden, da es auf derartige Subtilitäten für die vorliegende Problemstellung nicht ankommt.

die Transferfunktionen III und V offenbar nicht mehr sinnvoll sind. Die zweite Erweiterung bezieht sich auf die oben getroffene Voraussetzung der Unkorreliertheit der beiden Teilprozesse S(t) und N(t). Läßt man diese Voraussetzungen fallen, wobei jetzt N(t) wieder der obige nicht-saisonale Teilprozeß mit nicht flachem Spektrum ist, dann wird der Ausdruck $Q[T_S(\lambda)]$ wesentlich komplizierter, da das Kreuz-Spektrum zwischen beiden Teilprozessen zu berücksichtigen ist. Es erscheint aber prinzipiell unmöglich zu sein, einen analytischen Ausdruck für dieses Kreuz-Spektrum anzugeben. Während ein im wesentlichen monoton fallender Verlauf des Spektrums von N(t) als empirisch gesichert gelten kann, und die hier zugrundegelegte Hannansche Saisonfigur aufgrund ökonomischer Überlegungen mindestens plausibel erscheint, können derartige allgemeine Aussagen bezüglich des Kreuz-Spektrums der beiden Teilprozesse nicht gemacht werden. Insofern erscheint eine Ableitung der entsprechenden Relationen für dieses erweiterte Modell überflüssig.

Somit ergibt sich das Resultat, daß die angestrebte Verbindung zwischen Zeit- und Frequenzbereichsanalyse mit Hilfe der oben diskutierten Idealfilter nicht möglich ist. Dies impliziert insbesonders, daß mit ihnen eine objektive Vervollständigung der Definition der Saisonkomponenten einer ökonomischen Zeitreihe unter Zugrundelegung von Kriterien der statistischen Schätztheorie nicht zu erreichen ist. Dieses Ergebnis wurde unter bestimmten Voraussetzungen abgeleitet: Spezielle Ideal-Filter wurden gewählt und außerdem angenommen, daß der saisonale Prozeß ein spezielles und bekanntes Spektrum besitzt. Sicherlich sind andere Filtertypen und andere saisonale Spektren denkbar. Hier kam es nur darauf an zu zeigen, daß das gestellte Problem selbst unter diesen relativ einfachen Voraussetzungen nicht lösbar ist. Dies läßt es mehr als zweifelhaft erscheinen, ob kompliziertere Voraussetzungen (andere Filter, unbekanntes saisonales Spektrum) eine Lösung bringen, d. h. ob es in praxi möglich sein wird, eine im Sinne der statistischen Schätztheorie objektivierte verfahrensimmanente Definition dessen anzugeben, was üblicherweise vage mit dem Terminus "Saisonkomponente" bezeichnet wird.

3.3. Saisonbereinigung und rekursive Filter

Die oben erzielten Ergebnisse lassen eine objektive Verknüpfung von Zeitreihenanalysen im Zeitbereich und im Frequenzbereich als unmöglich erscheinen. Somit existieren für den Problemkreis "Saisonbereinigung" grundsätzlich zwei verschiedene Zugangsmöglichkeiten. Die erste Möglichkeit besteht darin, daß man von der Hypothese ausgeht, eine ökonomische Zeitreihe lasse sich in Komponenten zerlegen, wobei traditionellerweise von drei bzw. vier derartigen Komponenten ausgegangen wird. Darüber hinaus sind weitere Hypothesen erforderlich, die sich auf die Art der Verknüpfung sowie die Trajektorien dieser Komponentenprozesse beziehen. Die Erfahrung zeigt nun, daß insbesondere Hypothesen über den letzteren Sachverhalt sich immer wieder in der Praxis als zu rigid erweisen, ganz abgesehen davon, daß unter den Konstrukteuren von Saisonbereinigungsverfahren kein Konsens über zu postulierende Trajektorieneigenschaften besteht und ein solcher auch nicht zu erwarten ist. Bei den in der statistischen Praxis dominierenden Verfahren wird nun versucht, diese Rigidität zu durchbrechen durch "Anleihen" von Konzepten aus Analysen, die im Frequenzbereich beheimatet sind. Es wurde oben schon dargelegt, warum eine solche Vorgehensweise grundsätzlich unbefriedigend ist. Will man derartigen "trial and error"-Prozeduren entgehen, dann scheint nur eine Analyse, die ausschließlich im Frequenzbereich durchgeführt wird, in Frage zu kommen. Im Rahmen einer solchen Betrachtungsweise stellt sich dann die Saisonbereinigung als reines Filter-Problem dar. Dagegen lassen sich zwei Einwände erheben:

Zunächst setzt sich eine derart vollzogene Saisonbereinigung möglicherweise der Kritik aus, ohne "ökonomisches Modell" zu operieren. Es ist jedoch leicht einzusehen, daß eine solche Kritik unberechtigt ist, da sie stillschweigend von der Voraussetzung ausgeht, bei den traditionellen Komponenten-Modellen handele es sich tatsächlich um ökonomische Modelle. Genau besehen ist das jedoch keineswegs der Fall: den einzelnen Komponenten werden lediglich ökonomische Begriffe beigelegt, aber es wird z. B. nicht aus der Wachstums- und Konjunkturtheorie deduziert, daß die Trajektorien der glatten Komponente etwa gerade ein Polynom dritter Ordnung ist. Genau das müßte aber der Fall sein, wenn der Anspruch gerechtfertigt sein soll, daß die traditionellen Komponentenzerlegung schon ein ökonomisches Modell darstelle. Daß mit den herkömmlichen Komponenten-Modellen ökonomisch nichts erklärt wird, folgt schon allein aus der Tatsache, daß die einzelnen Komponenten lediglich als Funktionen der Zeit angesehen werden, aber nicht als Funktionen ökonomischer Variablen. Zweifellos wäre der letztere Ansatz äußerst wünschenswert, jedoch ist nicht zu sehen, wie man aufgrund des heutigen Standes der einschlägigen ökonomischen Theorien mit solchen Kausalmodellen zu praktikablen und allgemein akzeptierten Verfahren kommen soll. Auch zukünftig ist für einen solchen Ansatz grundsätzlich Skepsis anzumelden, wenn man sich vergegenwärtigt, daß Zeitreihenprobleme in der Physik, Elektrotechnik usw. heute grundsätzlich mittels Filtertechniken gelöst werden, also weitgehend auf "physikalische" Modelle verzichtet wird, obwohl in diesen Disziplinen weit entwickelte Theorien zur Verfügung stehen. Vergleicht man den dort erreichten Stand der Theoriebildung mit dem in den Wirtschaftswissenschaften, dann erscheint die geäußerte Skepsis leider mehr als gerechtfertigt.

Der zweite Einwand ist technisch-statistischer Natur. Offensichtlich setzen Konzepte wie Transferfunktion, Spektrum, Relationen zwischen Filter-Input-Reihe und Filter-Output-Reihe usw. zunächst stationäre stochastische Prozesse voraus. Ökonomische Zeitreihen können aber nicht ohne weiteres als Realisationen derartiger Prozesse interpretiert werden. Das bedeutet aber noch lange nicht, daß diese Konzepte damit für die Analyse nicht-stationärer Prozesse gegenstandslos wären. Sie lassen sich nämlich sinnvoll auf derartige Prozesse übertragen, wenn durch geeignete Definitionen die Klasse der nicht-stationären Prozesse hinreichend eingeschränkt wird. Dadurch ergeben sich z. B. Konzepte wie "Durchschnittsspektren" (Vgl. GRANGER, HATANAKA, 11) oder "evolutionäre Spektren" (PRIESTLEY, 29) für die sich die Wirkungen linearer Filter mit für praktische Zwecke hinreichender Genauigkeit wiederum an ihren Transferfunktionen bestimmen lassen. Am Rande sei erwähnt, daß es übrigens im Rahmen der modernen Filtertheorie gleichgültig ist, ob eine Zeitreihe als Realisation eines stochastischen Prozesses oder als deterministische Funktion der Zeit interpretiert wird. Somit ist auch dieser zweite Einwand praktisch nicht von allzu großer Relevanz, insbesondere auch, wenn man bedenkt, daß eine sinnvolle harmonische Analyse nicht-stationärer Prozesse schon aus dem Grund möglich sein muß, weil realiter stationäre Prozesse nicht existieren und trotzdem sinnvolle Resultate mittels einer solchen Analyse in ganz verschiedenen Disziplinen wie der Biologie, der Geophysik usw. erzielt wurden. (Vgl. dazu BRILLINGER, 5)

Eine ausschließlich im Frequenzbereich durchgeführte Saisonbereinigung setzt natürlich auch eine frequentielle Definition dessen voraus, was als saisonale Variation einer Zeitreihe verstanden werden soll. Allgemein wird man zunächst als saisonale Variation einer Zeitreihe diejenigen Variationen charakterisieren, die eine Konzentration spektraler Masse im Spektrum einer Zeitreihe "um" die saisonalen Frequenzen $\frac{2\pi k}{12}, k=1,\dots,6$ (bei Monatswerten) verursacht. Wie oben ausführlich dargestellt wurde, ist damit noch keine Definition des interessierenden Phänomens gegeben, da nicht a priori feststeht, was unter "um" zu verstehen ist, d. h. also, die relevanten Bandbreiten (und damit Frequenzbänder) bleiben bei einer solchen allgemeinen Charakterisierung undefiniert. Wie oben ebenfalls gezeigt wurde, erscheint eine objektive (d. h. also durch Verwendung statistischer Optimalitätskriterien) Bestimmung dieser Bandbreiten grundsätzlich als unmöglich, jedenfalls solange man sich Gütekriterien der statistischen Schätztheorie bedient. Da im Frequenzbereich "Saison" erst dann definiert ist, wenn diese Bandbreiten festliegen, bleibt im Prinzip nichts anderes übrig, als diese vor der Filterkonstruktion subjektiv zu wählen. So wie bei einer Saisonbereinigung im Zeitbereich für die einzelnen Komponenten bestimmte Trajektorien ausgewählt werden, so müssen bei einer Saisonbereinigung im Frequenzbereich die relevanten Bandbreiten gewählt werden. Damit sind dann auch die jeweiligen oben aufgeführten Transferfunktionen vollständig definiert. Allerdings ist ein solcher Ansatz wesentlich flexibler als eine a priori-Definition von Komponenten-Trajektorien, da mit vorgegebenen Bandbreiten eine Vielzahl von durchaus sehr unterschiedlich verlaufenden Komponenten-Prozessen vereinbar ist, denen nur gemeinsam ist, daß ihre jeweiligen Spektren in den relevanten, durch die Wahl der Bandbreiten festgelegten, Frequenzbändern im wesentlichen konzentriert sind. Für eine sinnvolle subjektive Vergleichbarkeit verschiedener rein frequentiell konzipierter Saisonbereinigungsverfahren wäre natürlich eine Einigung über diese Bandbreiten äußerst wünschenswert, denn nur eine derartige "Normierung" würde gewährleisten, daß bei Verfahrensvergleichen nicht Größen verglichen werden, die a priori, d. h. also hier: ex definitione, unvergleichbar sind.

Liegen die Frequenzbänder fest, dann ist eine Entscheidung darüber zu fällen, welche Transferfunktion realisiert werden soll. [1] Das wird ganz entscheidend davon abhängen, welche Zielsetzung einer Saisonbereinigung zugrundeliegt. Zwei Zielsetzungen erscheinen naheliegend:

1. Elimination der saisonalen Variation einer Zeitreihe.
2. Darstellung, d. h. Isolation, der saisonalen Variation einer Zeitreihe.

Für die Zielsetzung 1. ist eine Realisierung der obigen Transferfunktionen II oder IV erforderlich (die Transferfunktionen III und V sind hier nicht sinnvoll, da ja der Analyse grundsätzlich kein Komponentenmodell zugrundeliegt), während für die Zielsetzung 2. die Transferfunktion I in Frage kommt. Das Resultat von Filteroperationen mit den korrespondierenden Transferfunktionen II oder IV ist schlicht eine

---

1) Es wird weiter unten noch ausgeführt, was im vorliegenden Zusammenhang unter dieser "Realisierung" verstanden werden kann.

"saisonbereinigte" Reihe. Eine solchermaßen vollzogene Saisonbereinigung ist die denkbar "direkteste", da keine anderen als die relevanten Saisonbänder tangiert werden, keine iterativen Prozeduren sowie Verknüpfungshypothesen erforderlich sind, wie bei den traditionellen Komponentenmodellen. Selbstverständlich ist die bei diesen Komponentenmodellen übliche "subtile" Unterscheidung zwischen einer "saisonbereinigten" Zeitreihe und einer "glatten" Komponente dabei nicht möglich bzw. sinnvoll, da ein solches Komponentenmodell nicht vorliegt und damit auch keine "glatte Komponente" definiert ist. Am Rande sei nur vermerkt, daß sich gegen diese Unterscheidung, die mittlerweile zur Gewohnheit geworden ist, einiges einwenden läßt. Im Prnzip ist sie subjektiv, genauer gesagt: ihre verfahrensabhängigen numerischen Differenzen sind letzten Endes definitorisch bedingt. Doch kann darauf hier nicht weiter eingegangen werden. Es sei lediglich noch darauf hingewiesen, daß auch bei den traditionellen Komponentenmodellen die Zielsetzung "glatte Komponente" im Rahmen eines Saisonbereinigungsverfahrens als nicht sehr naheliegend erscheint, da eine solche Komponente prinzipiell, d. h. unabhängig von einer Saisonbereinigung, mittels eines Tiefpaßfilters ermittelt werden kann, dessen Abschneidefrequenz unterhalb der ersten saisonalen Frequenz liegt. Somit ist nicht einzusehen, weshalb man diese Komponente eigentlich als Resultat eines Saisonbereinigungsverfahrens erhalten zu müssen glaubt.

Mit den beiden oben formulierten Zielsetzungen wird man allerdings in der Praxis nicht ganz auskommen. Vielmehr sind dabei jeweils noch zwei Nebenbedingungen zu beachten. Die erste Nebenbedingung ist die Forderung nach einer Saisonbereinigung bis zum "aktuellen Rand" einer Zeitreihe bzw. die Forderung nach der Isolation der saisonalen Variation einer Zeitreihe ebenfalls bis zum "aktuellen Rand". Diese Forderung impliziert, daß die anzuwendenden Filter - im Idealfall - keine negativen Phasenverschiebungen induzieren. Die zweite Nebenbedingung ist die Forderung nach "Stabilität" der saisonbereinigten

Werte am aktuellen Rand bzw. die Forderung nach "Stabilität" der ausgefilterten saisonalen Variation am aktuellen Rand einer Zeitreihe. Diese Forderung bedeutet, daß sich die bisherigen bereinigten bzw. ausgefilterten Werte beim Hinzukommen neuer Zeitreihenwerte - im Idealfall - nicht ändern. Über die unbestreitbare praktische Relevanz dieser beiden Zielsetzungen (Vgl. dazu SCHÄFFER, 33) braucht hier nicht diskutiert zu werden. Sie stehen jedoch in enger Beziehung mit dem zu wählenden Filtertyp. Dies soll nun etwas ausführlicher dargestellt werden.

Grundsätzlich können die relevanten Transferfunktionen sowohl mittels rekursiver als auch mittels transversaler Filter realisiert werden.

Wie bereits dargelegt, haben beide Klassen von Filtern ihre spezifischen Vor- und Nachteile. So können z. B. mit rekursiven Filtern niedriger Ordnung (also bei kleinem N und M) Transferfunktionen realisiert werden, die mit Transversalfiltern nur mit sehr viel höherer Ordnung (also großem M) zu realisieren sind. Dagegen haben Transversalfilter grundsätzlich lineare Phasenfunktionen (also auch Null-Phase), während rekursive Filter prinzipiell nicht-lineare Phasenfunktionen aufweisen (Vgl. KAISER, 16).

Zur Berücksichtigung der oben skizzierten prospektiven Zielsetzungen erscheinen zunächst Transversalfilter geeignet, da mit ihnen die einschlägigen Schätzungen ohne Phasenverschiebung durchgeführt werden können. Allerdings ist das nur dann der Fall, wenn diese Filter in symmetrischer Form verwendet werden. Mit solchen Filtern ist jedoch z. B. eine Saisonbereinigung bis zum aktuellen Rand nicht möglich. Obwohl rekursive Filter nicht-lineare Phasenfunktionen aufweisen (also nie eine Null-Phase im gesamten Frequenzbereich $[0,\pi]$), sind darunter solche zu finden, deren Phasenfunktionen um den Wert Null schwanken, so daß die Phasenverschiebungen für praktisch alle Frequenzen kleiner sind als die der Analyse zugrundeliegende Zeiteinheit (Monat, Quartal, Halbjahr). Solche

Phasenverschiebungen wirken sich praktisch nicht aus und können deshalb vernachlässigt werden. Somit könnte mit solchen Filtern tatsächlich eine Analyse bis zum aktuellen Rand durchgeführt werden. Außerdem wäre die Stabilitätsforderung ideal erfüllt, da sich durch Hinzukommen neuer Zeitreihenwerte frühere Ergebnisse überhaupt nicht ändern. Für Zwecke der Saisonbereinigung (und auch isolierter Darstellung saisonaler Variation) sind deshalb prinzipiell rekursive Filter mit zu vernachlässigenden Phasenverschiebungen zu entwickeln.

Es sei hier ausdrücklich vermerkt, daß der geschilderte Sachverhalt kein spezifischer Nachteil von rein im Frequenzbereich konzipierten Verfahren ist. Auch bei den traditionallen Komponentenmodellen tritt diese Problematik in Erscheinung: z. B. werden sowohl beim Berliner als auch beim ASA-II-Verfahren am Ende einer Reihe asymmetrische Stützbereiche für die gleitenden Regressionen verwendet, um mit der Analyse bis zum aktuellen Rand vorzustoßen. Tatsächlich implizieren diese asymmetrischen Stützbereiche jedoch negative Phasenverschiebungen, so daß z. B. der letzte bereinigte Wert richtigerweise nicht dem letzten Zeitreihenwert, sondern dem Zeitreihenwert eines früheren Zeitpunktes zuzuordnen wäre. Somit ist das oben dargelegte Phasenproblem bei diesen Verfahren nur scheinbar gelöst und die Analyse wird in Wirklichkeit nicht bis zum letzten verfügbaren Zeitreihenwert durchgeführt.

An dieser Stelle ist noch einmal auf die oben geführte Diskussion über die Wahl der einschlägigen Bandbreiten zurückzukommen. Es wurde dargelegt, daß sich diese nicht "optimal" bestimmen lassen, sondern jeweils vom Verfahrenskonstrukteur festzulegen sind. Es ist nun durchaus denkbar, daß sich die a priori gewählten Bandbreiten nicht durchhalten lassen. Das kann verschiedene Gründe haben. Beispielsweise können diese sich ungünstig auf den verwendeten Approximationsalgorithmus auswirken, also zu numerischen Instabilitäten führen, oder etwa zu nicht zu akzeptierenden Phasenfunktionen. Gewählte

Bandbreiten und Filterkonstruktionen können also durchaus kollidieren. In derartigen Fällen ist dann eine Revision der ursprünglich gewählten Bandbreiten unumgänglich, eventuell so lange, bis diese unerwünschten Nebeneffekte völlig verschwunden sind. Die aus einem solchen Revisionsprozeß schließlich resultierenden Bandbreiten können dann als "optimal" in diesem Sinne bezeichnet werden. Allerdings handelt es sich dabei nicht mehr um ein übliches Optimalitätskriterium im Sinne der statistischen Schätztheorie, sondern mehr um eine pragmatisch orientierte Optimalität. Für die oben diskutierte grundsätzliche Definitionsproblematik der mittels Filter numerisch zu konkretisierenden Phänomene würde das implizieren, daß diese Phänomene im Frequenzbereich prinzipiell so definiert werden, daß diese Definitionen filtertheoretisch operational sind, also zu praktikablen Filtern führen.

Die vorstehenden Untersuchungen zeigen, daß auch eine "Saisonbereinigung" mit den Werkzeugen der modernen Filtertheorie recht subtile Überlegungen erfordert. Insbesondere dürfte klar geworden sein, daß auch bei diesem Zugang "Freiheitsgrade" für den Verfahrenskonstrukteur vorhanden sind, als deren wichtigster wohl die Wahl des Approximationskriteriums anzusehen ist. Jedoch ist eine derartige Analyse auf allen Stufen klar durchschaubar und theoretisch fundiert. Das hat zur Konsequenz, daß numerische Differenzen zwischen verschiedenen rein filtertheoretisch konzipierten Verfahren relativ leicht zu "orten" sind: verschiedene Wahl der relevanten Frequenzbänder, verschiedene zugrundegelegte Transferfunktionen (und damit auch unterschiedliche Zielsetzungen), verschiedene Filtertypen, verschiedene Approximationskriterien sowie verschiedene Implementierungen kommen dafür alternativ oder in Kombination in Frage. Außerdem kommen solche Verfahren mit einem Minimum an Hypothesen aus. Es ist zu erwarten, daß der filtertheoretisch orientierte Zugang zum Problemkreis "Saisonbereinigung" zu einer Versachlichung und vor allem zu einer Vereinheitlichung der heute zuweilen recht konfus anmutenden Diskussionen führen dürfte.

Die einzelnen Phasen einer "Saisonbereinigung" im diskutierten Sinn, die dem Verfasser als zu erstrebendes Ideal vorschwebt, seien der Übersichtlichkeit halber noch einmal in folgendem Ablaufdiagramm schematisch dargestellt:

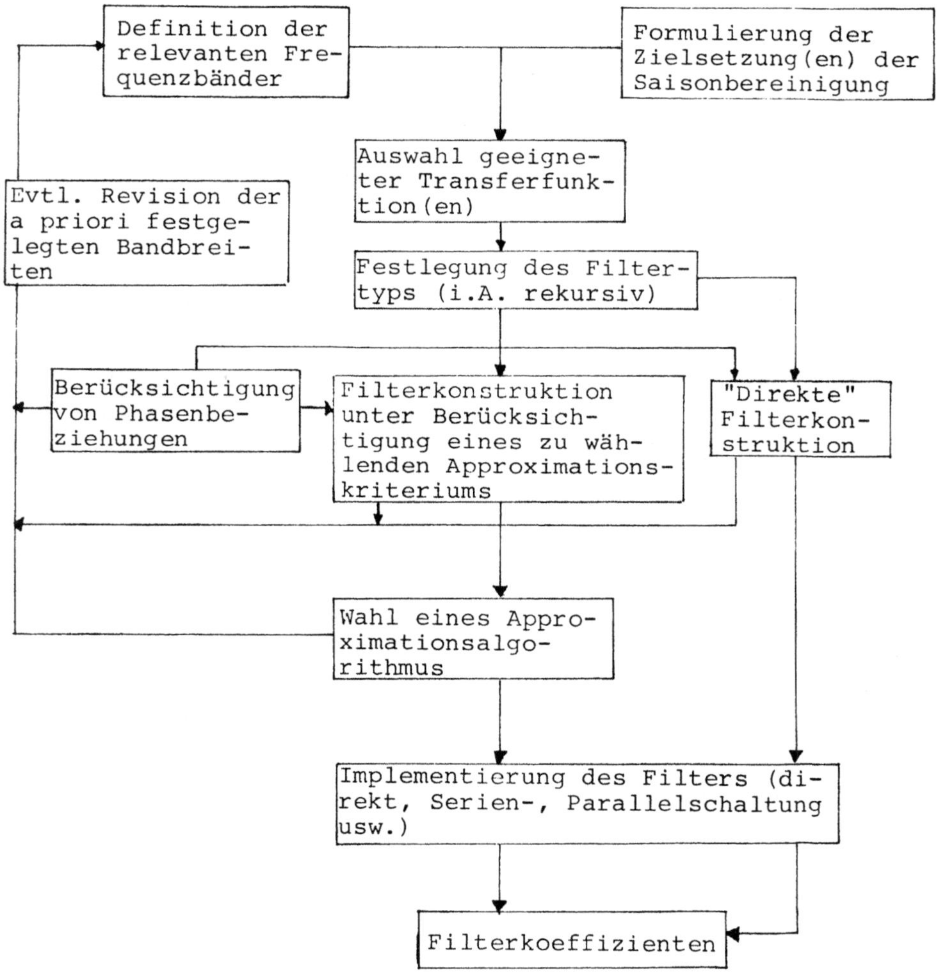

3.4. Ein neues Verfahren zur Saisonbereinigung ökonomischer Zeitreihen

Entsprechend den obigen Ausführungen wird nun hier ein Verfahren skizziert, dessen Ziel es ist, eine Filterfolge zu finden, welche die vorher erwähnte "ideale" Transferfunktion IV realisiert. Die Zielsetzung eines solchen Verfahrens kann charakterisiert werden als "Elimination der saisonalen Variation einer Zeitreihe". Aus praktischen Erwägungen heraus sollten dabei jedoch zwei Nebenbedingungen beachtet werden, wie schon oben angeführt, nämlich:

1) Die Analyse ist möglichst bis zum aktuellen Rand einer Zeitreihe vorzunehmen, d. h. Phasenverschiebungen sind tunlichst zu vermeiden. Diese Nebenbedingung soll kurz, wenn auch nicht ganz zutreffend, als "Nullphase" bezeichnet werden.

2) Bereits gefilterte Werte sollen sich beim Hinzukommen neuer Originalwerte nicht verändern. Diese Nebenbedingung sei kurz "Randstabilität" genannt.

   Die letztere Bedingung erfordert zwingend den Einsatz von rekursiven Filtern.

Die gesuchte Transferfunktion ergibt sich nun durch eine sechsfache Serienschaltung des Kerbenfilters (für Monatsdaten). Man erhält dann:

$$T_S(z) = \frac{\prod_{k=1}^{6} b_k \, (z-e^{i\lambda_k})^3 (z-e^{-i\lambda_k})^3}{\prod_{k=1}^{6} \prod_{i=1}^{3} (z-p_{ik})(z-\bar{p}_{ik})} , \quad z = e^{i\lambda} \quad |\lambda| \leq \pi$$

mit

$$\lambda_k := \frac{2\pi k}{12} , \quad k = 1, 2, \ldots 6$$

b_k : = Normierungskonstante des k-ten Saisonfilters

p_{ik}: = i-ter Pol des k-ten Saisonfilters
$i = 1,2,3 \quad k = 1,2,\ldots 6$

Der gesamte Filterprozeß kann schematisch wie folgt dargestellt werden:

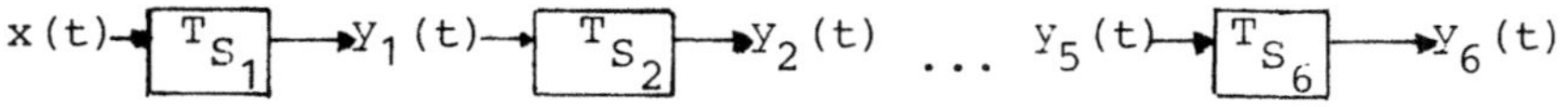

Die Zeitreihe x(t) wird also sukzessive durch sechs Kerbenfilter geschickt mit den Transferfunktionen $T_{S_1}, \ldots, T_{S_6}$, deren Nullstellen bei $\lambda = \frac{2\pi k}{12}$, k = 1, 2, ... 6 liegen. Dabei ist jede Transferfunktion T_{S_k} (k = 1, 2, ... 6) von der Ordnung (M = 6, N = 6), $y_6(t)$ ist die saisonbereinigte Zeitreihe.

Die i-te Filtergleichung des k-ten Saisonfilters kann dabei durch folgende Überlegung abgeleitet werden:

Es ist

$$T_{S_{ik}}(z) = \frac{(z - e^{i\lambda_k})(z - e^{-i\lambda_k})}{(z - p_{ik})(z - \bar{p}_{ik})}$$

$$= \frac{z^{-2} - 2\, z^{-1} \cos \lambda_k + 1}{|p_{ik}|^2\, z^{-2} - (p_{ik} + \bar{p}_{ik})\, z^{-1} + 1}$$

Da die Beziehung gilt:

$$Y_{ik}(z) = T_{S_{ik}}(z)\, X_{ik}(z), \quad i = 1,2,3, \quad k = 1,2,\ldots 6$$

mit

$Y_{ik}(z)$: = z-Transformierte des Filteroutputs der i-ten Filtergleichung des k-ten Saifonfilters

$X_{ik}(z)$: = z-Transformierte des Filterinputs der i-ten Filtergleichung des k-ten Saisonfilters folgt:

$$Y_{ik}(z)[|p_{ik}|^2 z^{-2} - (\bar{p}_{ik} + \bar{p}_{ik}) z^{-1} + 1]$$

$$= X_{ik}(z)[z^{-2} - 2 z^{-1} \cos\lambda k + 1]$$

und nach Rücktransformation in den Zeitbereich:

$$y_{ik}(t) = x_{ik}(t) - 2 \cos\lambda_k \, x_{ik}(t-1) + x_{ik}(t-2)$$

$$+ (p_{ik} + \bar{p}_{ik}) \, y_{ik}(t-1) - |p_{ik}|^2 \, y_{ik}(t-2)$$

$$i = 1,2,3 \quad , \quad k = 1,2,\ldots 6$$

(Vgl. zur letzteren Formel CADZOW, 6)

Die Abb. 34, 35 zeigen die Transferfunktionen $|T_S(\lambda)|$ für $\alpha = 72^o$ und $\Delta = 0{,}01$, $\Delta = 0{,}1$.

Zweifellos entspricht diese Transferfunktion noch nicht den theoretischen Vorstellungen, da auch sie, wie schon der einfache Kerbenfilter, "Nasen" aufweist. Die Schritte zur Beseitigung dieser Erscheinung sollen hier nicht dargestellt werden, genau so wenig wie die recht umfangreichen und teilweise komplizierten Untersuchungen zu Fragen der numerischen Stabilität sowie der Phaseneigenschaften und den "Einschwingvorgängen" des Verfahrens. Alle diese Probleme werden ausführlich in einer gesonderten Publikation des Verfassers behandelt. Darin finden sich auch Anwendungsbeispiele.

3.5. Ein neues Verfahren zur Schätzung einer "glatten Reihe"

Die beim vorherigen Verfahren intendierte Zielsetzung einer "Elimination der saisonalen Variation einer Zeitreihe" ist nicht die einzig denkbare bzw. sinnvolle Zielsetzung für derartige Bereinigungsverfahren. Häufig interessiert sich vor allem der Praktiker in erster Linie für diejenigen Informationen einer Zeitreihe, die dem Niederfrequenzbereich zuzuordnen sind. Eine Ausfilterung solcher Informationen erfordert natürlich eine völlig andere Filterkonstellation als das vorher skizzierte Saisonbereinigungsverfahren. Wie unter 3.3 begründet wurde, ist dazu die Konstruktion eines Tiefpaßfilters notwendig, dessen Abschneidefrequenz unterhalb der ersten Saisonfrequenz liegt.

Man könnte nun versuchen, einen solchen Filter als optimalen IIR-Filter zu konstruieren. Dabei ergeben sich allerdings zwei Probleme. Bei niedriger Filterordnung macht sich je nach vorliegender Zeitreihe die Differenz $|T(0)-1|$ unangenehm bemerkbar, d. h. die geschätzte "glatte Reihe" weist einen bias auf. Wird deshalb nun die Filterordnung erhöht, dann reduziert sich der bias, aber gleichzeitig verschlechtern sich die Phaseneigenschaften, so daß man keine phasenfreien Schätzungen erhält (vgl. Abb. 36, 37). Die Nebenbedingung "Nullphase" sollte aber hier aus den selben Gründen wie beim obigen Saisonbereinigungsverfahren erfüllt sein.

Die Phaseneigenschaften lassen sich grundsätzlich verbessern, wenn der Übergang zwischen Durchlass- und Stoppband nicht abrupt erfolgt, sonder "glatter", was z. B. dann der Fall ist, wenn ein Übergangsband definiert wird, in dem die Transferfunktion monoton (z. B. linear) abnimmt. Wie einschlägige Untersuchungen zeigten, ist die Phasenverschiebung zwischen Originalreihe und ausgefilterten Reihen zwar geringer als vorher, jedoch ist diese Verbesserung nur eine unwesentliche.

Weitere Versuche in dieser Richtung brachten leider keine durchweg befriedigenden Resultate.

Eine andere Möglichkeit, zu einem brauchbaren Tiefpaßfilter zu kommen, besteht darin, einen aus der Klasse der "maximal flachen" Butterworth-Tiefpaßfilter auszuwählen. Diese Filter haben die Eigenschaft, daß alle Ableitungen der Transferfunktion bei $\lambda = 0$ den Wert Null haben (vgl. RABINER - GOLD, 30). Außerdem verfügen sie über eine Normierungskonstante, die immer so gewählt werden kann, daß $T(0) = 1$ ist. Somit tritt bei Verwendung eines solchen Filters das vorher erwähnte bias-Problem nicht auf. Die Transferfunktion eines solchen Filters lautet z. B.:

$$T(z) = \frac{b(z+1)^k}{\prod_{i=1}^{k} (z - p_i)}$$

mit

$$b = \frac{\prod_{i=1}^{k} (1 - p_i)}{2^k}$$

so daß gilt $T(1) = 1$, d. h. $T(\lambda)$ ist Eins bei $\lambda = 0$. (Vgl. CADZOW, 6). Da aber auch bei diesem Filter der Durchlassbereich relativ klein ist (vgl. Abb. 38), ergeben sich unerwünschte Phasenverschiebungen, wie die Abb. 39 zeigt.

Es bleibt also das Problem zu lösen, einen Tiefpaßfilter zu konstruieren, der sowohl Nullphase hat als auch die Bedingung $T(\lambda) = 1$ für $\lambda = 0$ erfüllt und außerdem im Durchlassbereich völlig flach verläuft. Die Lösung dieses Problems liegt in einer geschickten Kombination von unter Umständen mehreren rekursiven Filtern. Sie soll hier ebenfalls nicht dargestellt werden, da hierüber eine spezielle Arbeit des Verfassers in Vorbereitung ist.

3.6. Rekursive Filter und Zeitreihenprognose

Oft wird statt dem Ausdruck "Prognoseverfahren" auch der Ausdruck "Prognosefilter" verwendet [1]. Um etwaige Verwechselungen zu vermeiden, sei gleich darauf hingewiesen, daß die oben behandelten Filter natürlich reine Analyseinstrumente darstellen und inhaltlich mit irgendwelchen Prognoseverfahren überhaupt nichts zu tun haben. Wenn in diesem Abschnitt rekursive Filter mit Prognose in Verbindung gebracht werden, dann nicht deswegen, weil diese möglicherweise an sich schon für prognostische Zwecke umfunktioniert werden könnten, sondern aus dem Grund, weil es m. E. möglich und sinnvoll sein dürfte, diese mit existierenden Prognose-Verfahren zu verknüpfen.

Speziell wird dabei hier an Prognosemodelle vom Typ BOX-JENKINS gedacht. Bei den univariaten Modellen wird dabei postuliert, daß sich eine Zeitreihe X_t, die im Allgemeinen eine Realisation eines nicht-stationären stochastischen Prozesses ist, wie folgt darstellen läßt:

$$\varphi(B)\, X_t = \Theta(B)\, a_t$$

mit

$$\varphi(B) := \emptyset(B)\,(1-B)^d$$

$$\emptyset(B) := 1 - \emptyset_1 B - \emptyset_2 B^2 - - - \emptyset_p B^p$$

$$\Theta(B) := 1 - \Theta_1 B - \Theta_2 B^2 - - - \Theta_q B^q$$

wobei B ein Verschiebungsoperator ist, für den gilt:

$$B^j\, X_t := X_{t-j}$$

a_t ist ein reiner Zufallsprozeß ("weißes Rauschen"). Diese Darstellung impliziert die Vorstellung, daß eine Zeitreihe nach damaliger Differenzenbildung als autoregressiver-gleitender Durchschnittsprozeß darstellbar ist (ARIMA-Prozeß

---

1) Dies hängt wohl damit zusammen, daß die Prognoseverfahren von WIENER für stationäre Prozesse auch unter dem Namen WIENER-Filter bekannt sind.

der Ordnung (p, d, q)). Dieser univariate Ansatz läßt sich leicht erweitern. Liegen z. B. zwei Reihen (X_t, Y_t) vor, dann läßt sich möglicherweise dieser bivariate Prozeß durch ein "Transferfunktionen-Modell" der Ordnung (r, s) darstellen:

$$\delta(B)\ Y_t = \omega(B)\ X_{t-b}$$

mit

$$\delta(B) := 1 - \delta_1 B - - - \delta_r B^n$$

$$\omega(B) := \omega_0 - \omega_1 B - - - \omega_s B^s$$

wobei b eine Phasenverschiebung zwischen beiden Prozessen bedeutet.

Praktisch wird obige Relation zwischen Y_t und X_t nicht ungestört gelten, sondern von einem "Rausch"-Prozeß N_t überlagert sein, der selbst als ARIMA-Prozeß darstellbar ist, so daß also gilt:

$$\delta(B) Y_t = \omega(B) X_{t-b} + N_t$$

$$N_t := \varphi^{-1}(B)\ \theta(B) a_t$$

(Vgl. BOX-JENKINS, 4)

Ein interessanter Aspekt dieser Transferfunktionenmodelle liegt nun darin, daß sie es gestatten, zur Prognose einer Reihe Informationen über lead-lag-Beziehungen mit anderen Reihen heranzuziehen, was für die Prognose ökonomischer Zeitreihen von besonderer Bedeutung sein dürfte.

Viel diskutiert wurde in den letzten Jahren das Problem der Konstruktion konjunktureller Indikatoren, sowohl zu Diagnose- als auch zu Prognosezwecken. Wie oben angedeutet wurde, ist es möglich, mit Hilfe einer speziellen Kombination von rekursiven Filtern die konjunkturelle Komponente von Zeitreihen isoliert darzustellen. Eventuell vorhandene Phasenverschiebungen zwischen diesen Komponenten dürften sich mit Hilfe der Kreuzspektralanalyse ermitteln lassen. Es ist zu erwarten, daß die sonst beim Einsatz der Spektralanalyse für ökonomische Reihen festzustellenden Schwierigkeiten dabei nicht auftreten, z. B. gibt es kein "leakage"-Problem im Niederfrequenzbereich das von einer Trendkomponente herrührt. Die Phasenbeziehungen zwischen einzelnen Konjunktur-Komponenten dürften sich daher ziemlich problemlos schätzen lassen. Kann man so "führende" Konjunkturreihen ermitteln, dann müßte es auch möglich sein, damit sinnvolle Transferfunktionenmodelle unter Beachtung eben dieser Phaseninformationen für die isolierte konjunkturelle Variation wichtiger ökonomischer Zeitreihen zu formulieren und damit die Prognostizierbarkeit konjunktureller Prozesse möglicherweise entscheidend zu verbessern.

Es soll hier nicht verschwiegen werden, daß dieser Problemkreis aus Zeitgründen im Rahmen dieses Forschungsprojektes nicht oder nur fragmentarisch bearbeitet werden konnte. Hier liegt ein weites Feld zukünftiger Aktivitäten, auf dem sich Filtertheorie und Prognosetheorie verbinden.

4. A N H A N G

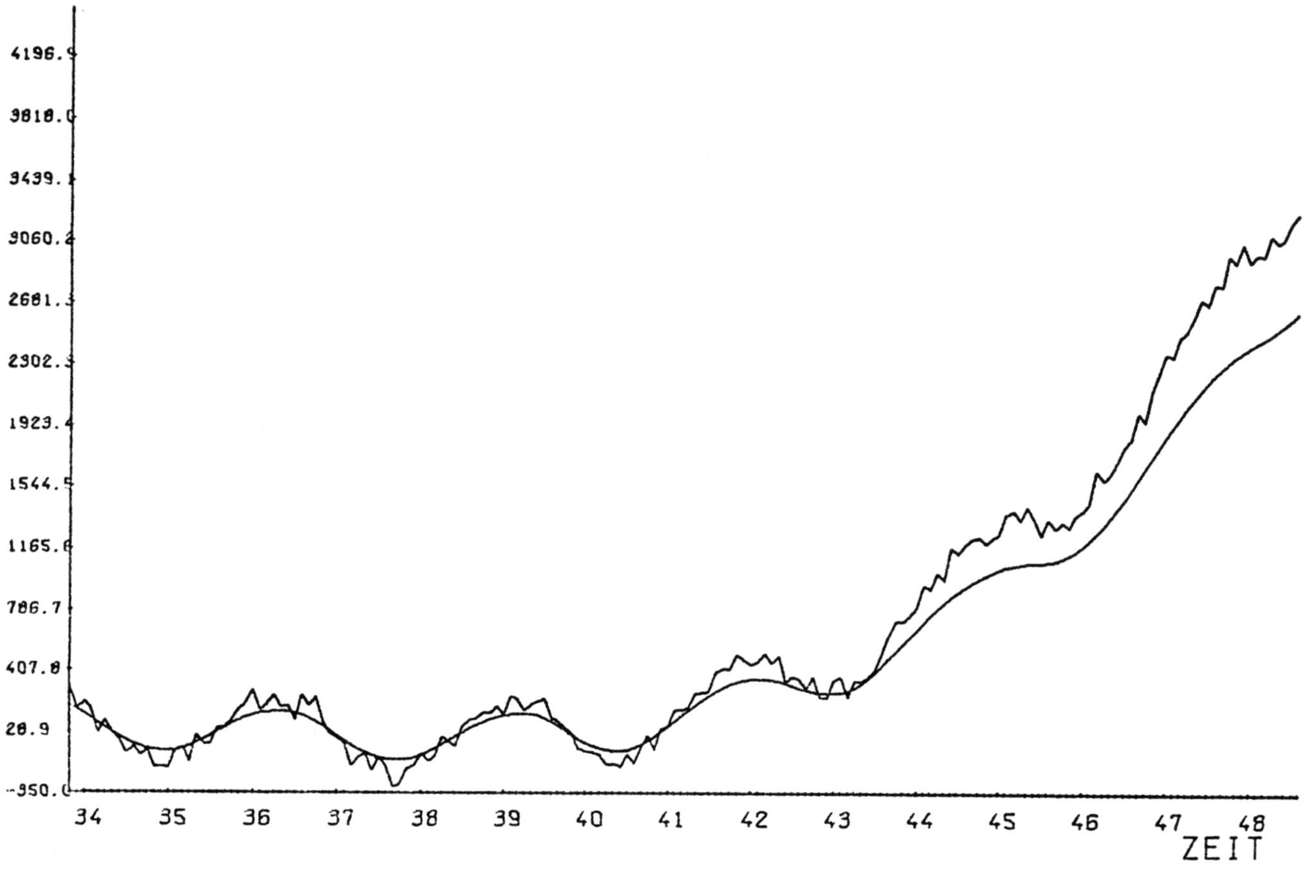

Abb. 1: Rechteckfilter, N=23, f_A=0,05 (mit Unterschätzung des Trends)

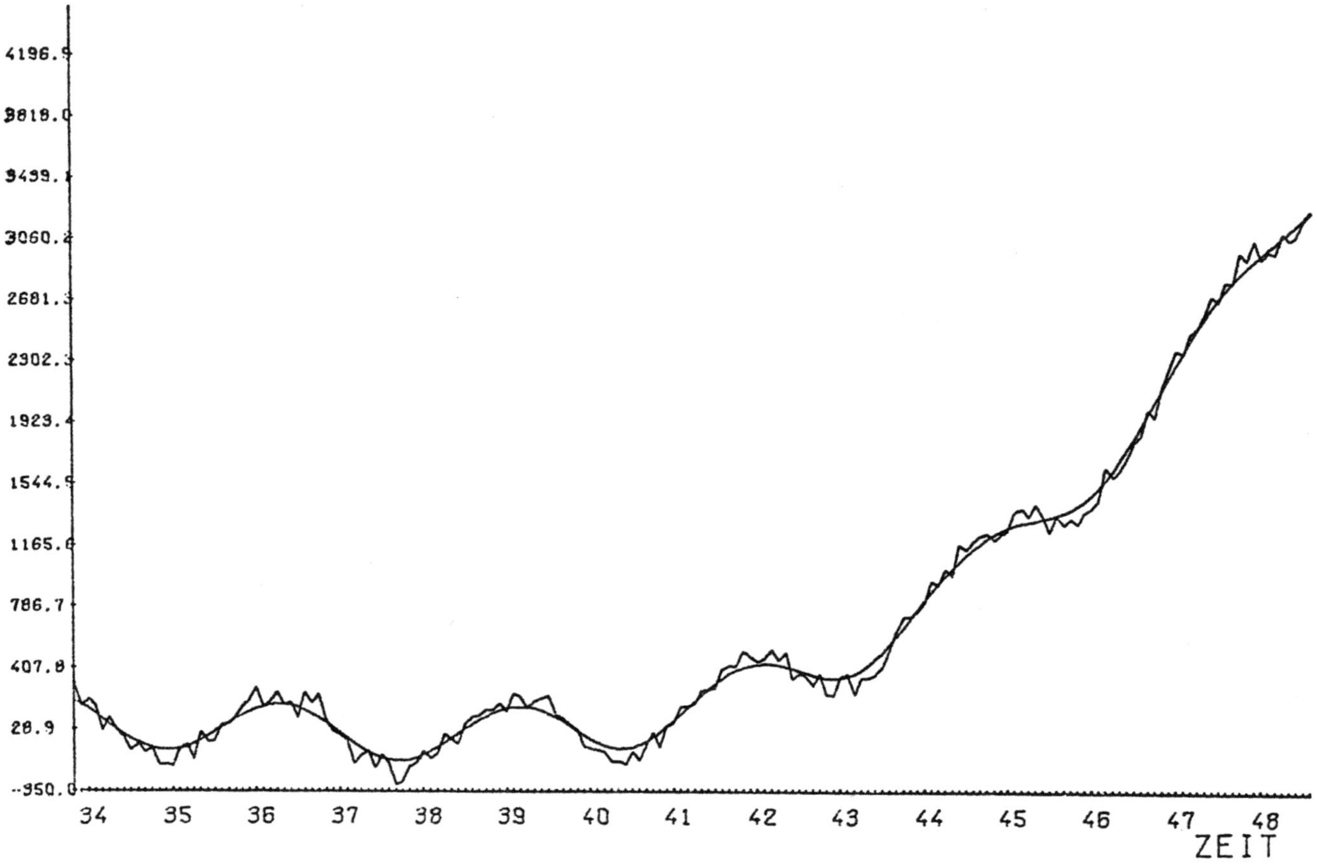

Abb. 2: Rechteckfilter, N=23, f_A=0,05 (ohne Unterschätzung des Trends)

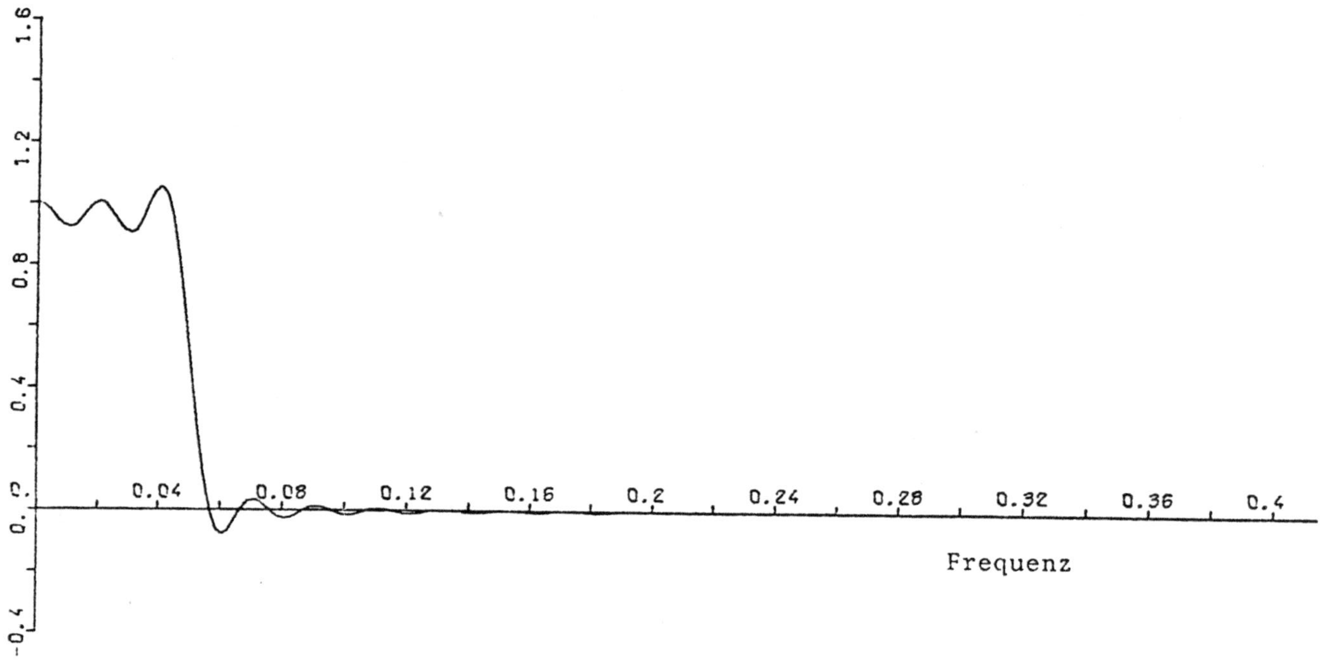

Abb. 3: Transferfunktion des Rechteckfilters mit N=99 und f_A=0,05 (Gibbsches Phänomen)

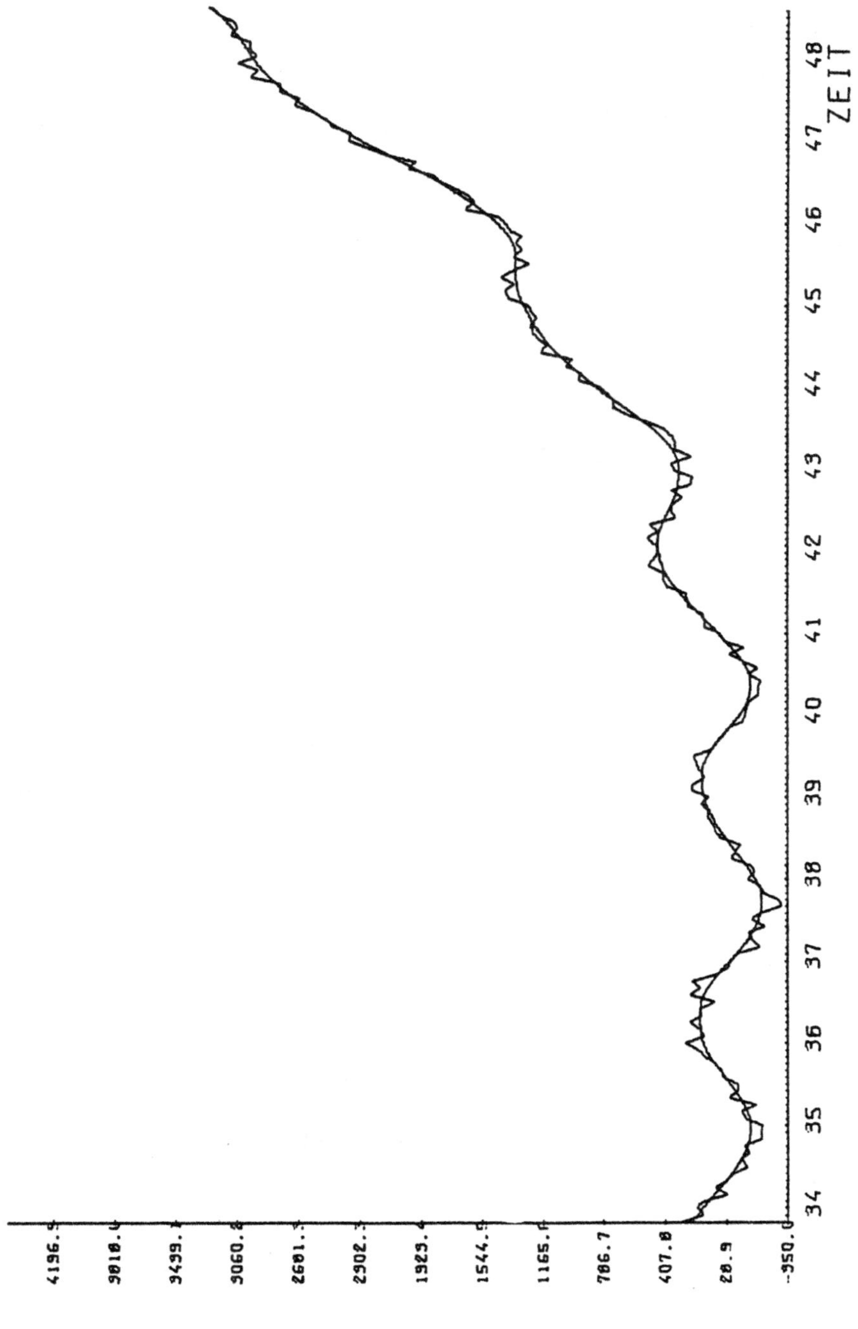

Abb. 4: Kaiser-Filter

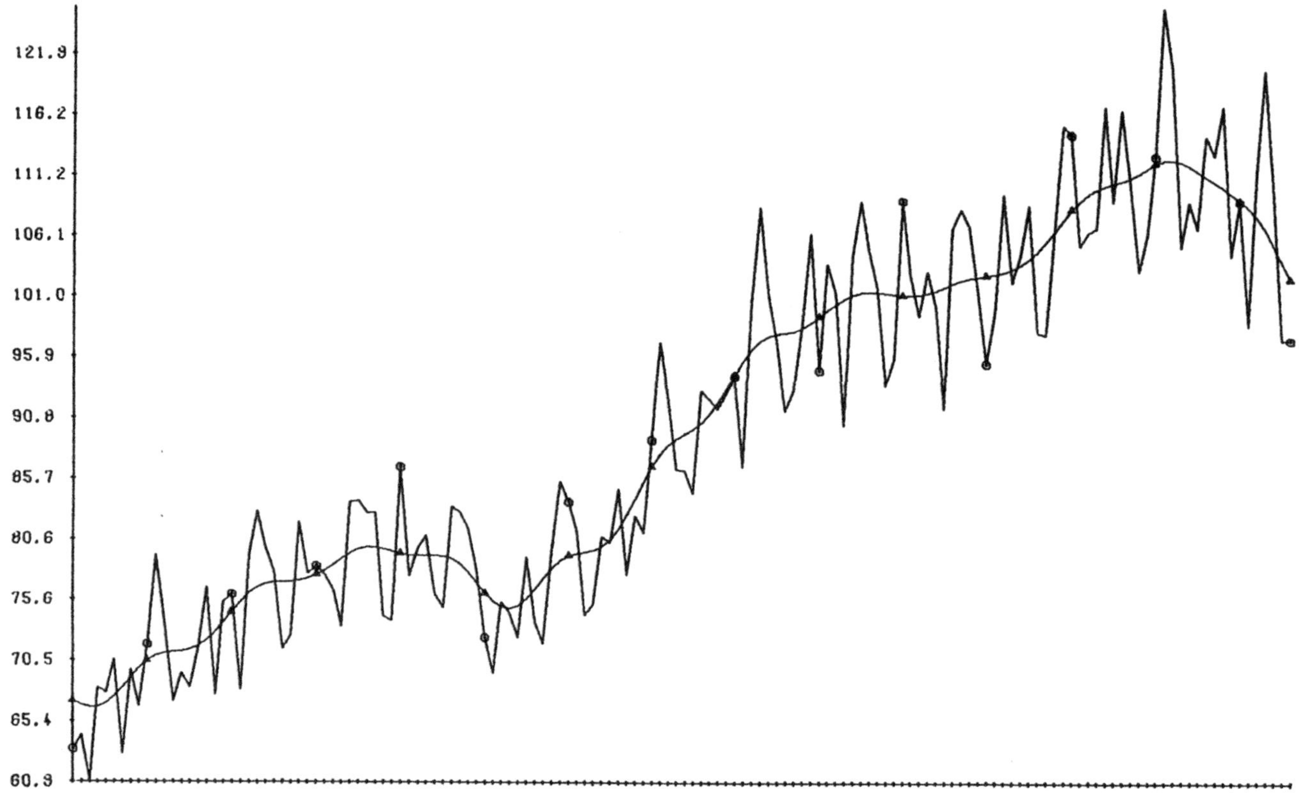

Abb. 5: Geschätzte glatte Komponente des Indexes der industriellen Nettoproduktion, gesamte Industrie (Dez. 1962 - Jan. 1975), Parzen-Filter, N=23, f_A=0,05

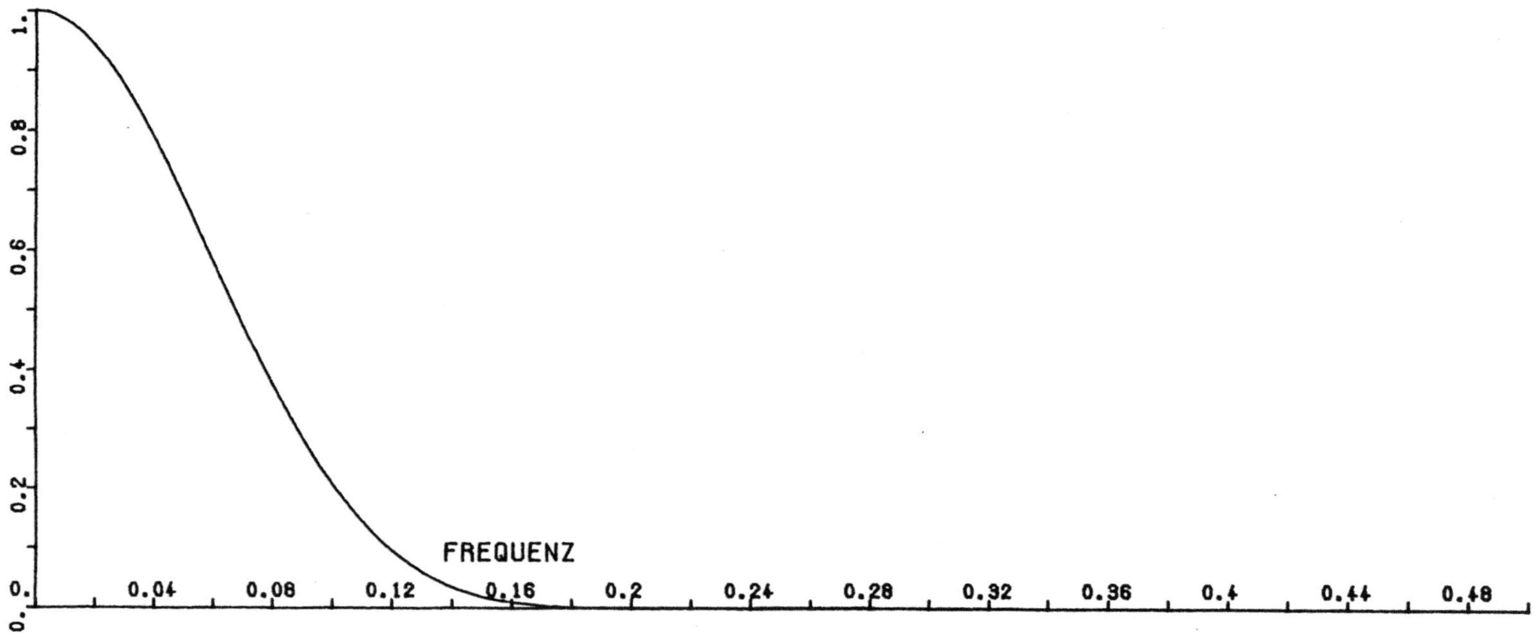

Abb. 6: Transferfunktion des Parzen-Filters, N=23, f_A=0,05

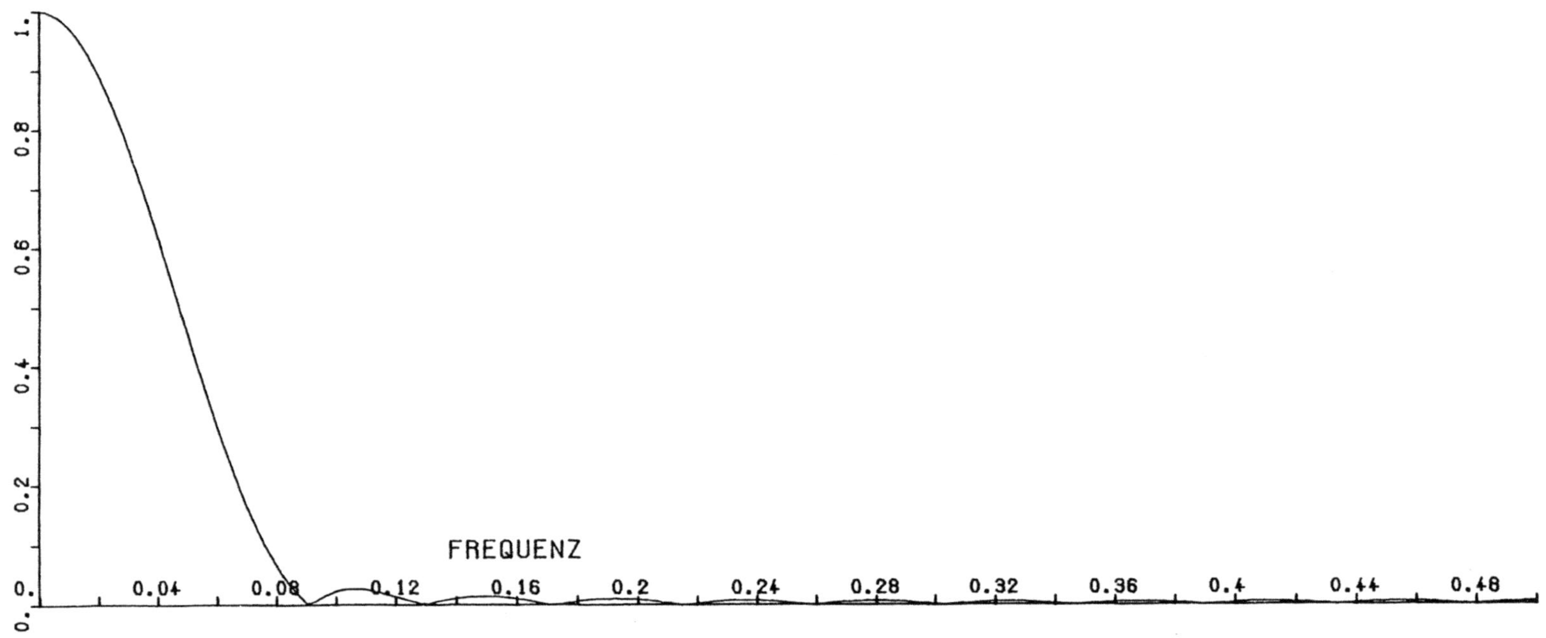

Abb. 7: Transferfunktion des Kaiser-Filters, N=23, f_A=0,05, $\beta \approx 2$

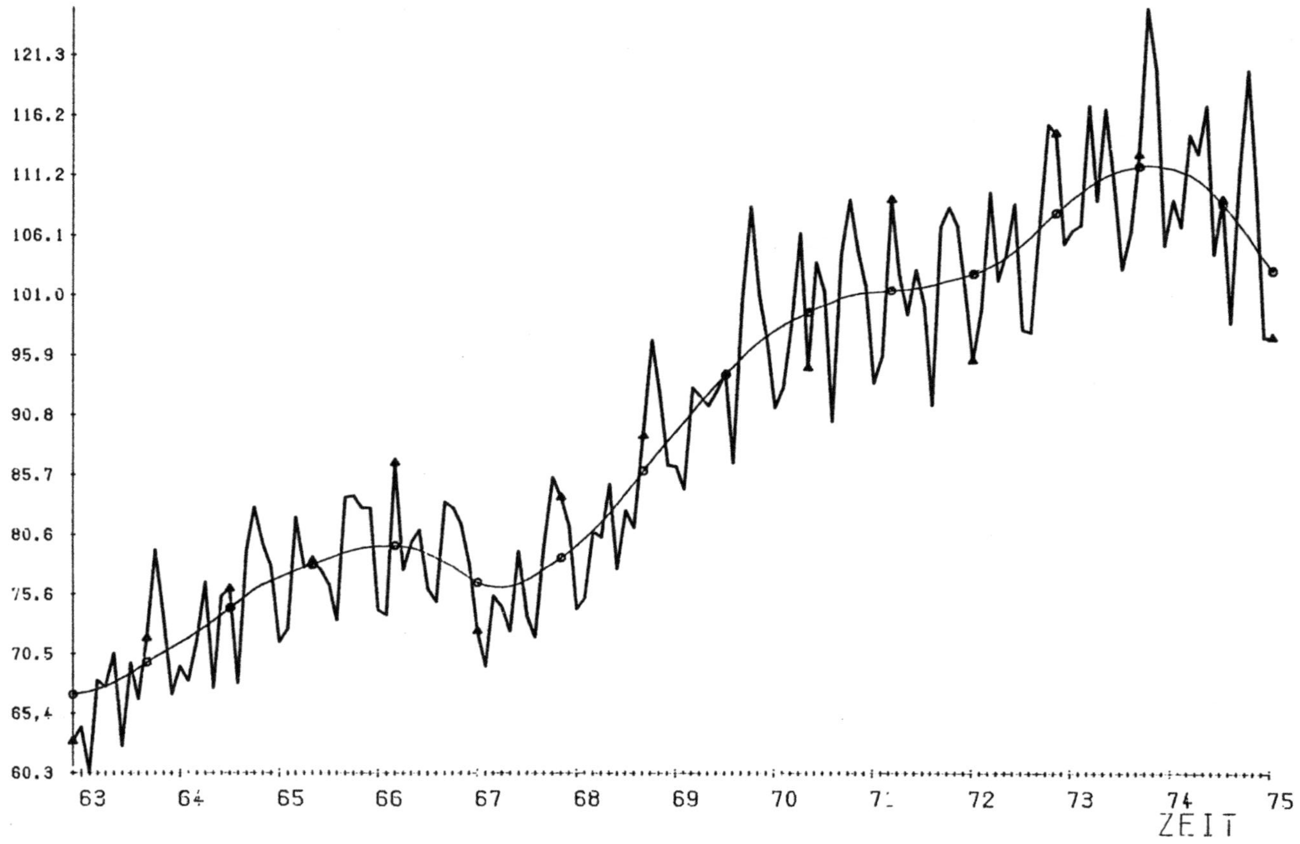

Abb. 8: Geschätzte glatte Komponente des Indexes der industriellen Nettoproduktion, gesamte Industrie (Dez. 1962 - Jan. 1975), Kaiser-Filter, N=23, f_A=0,05

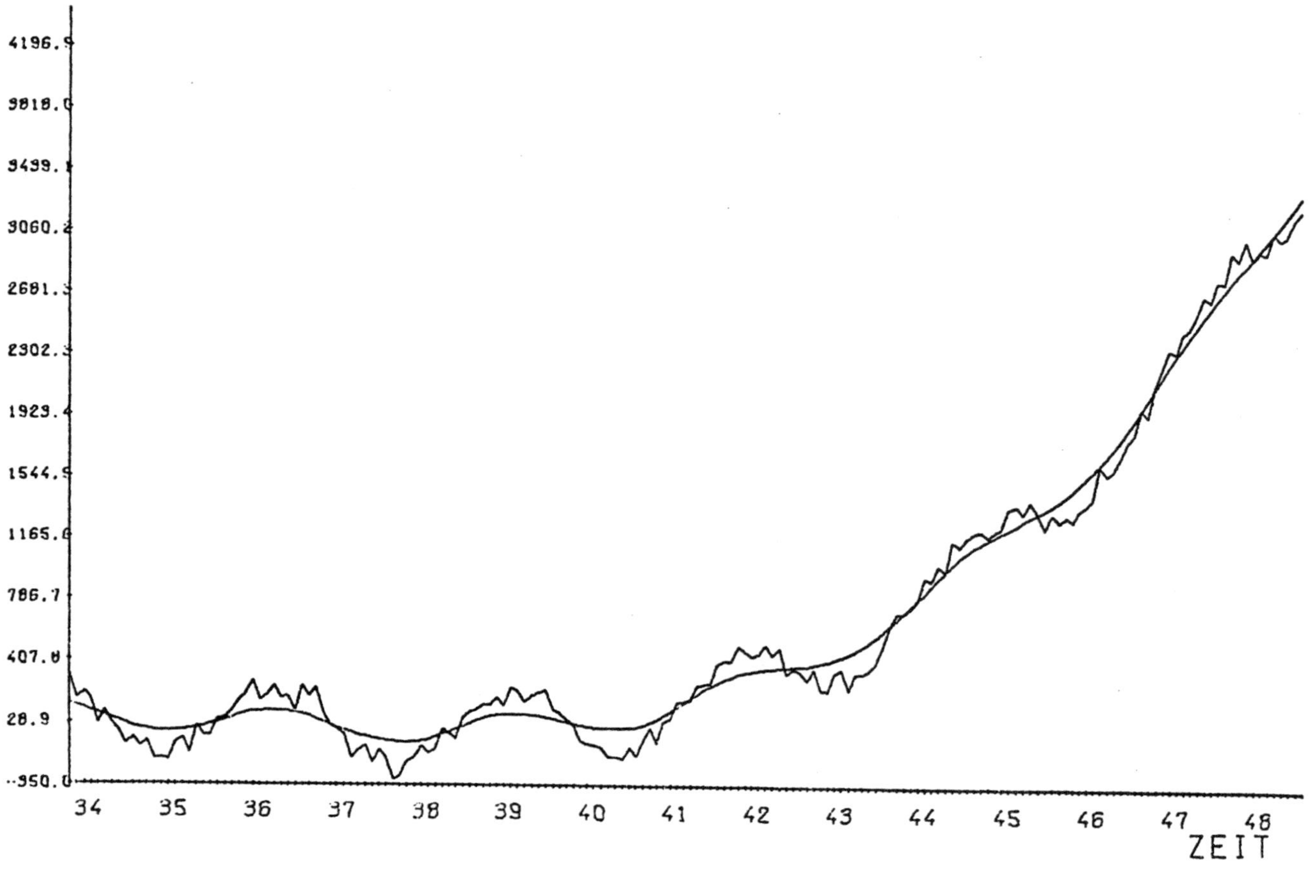

Abb. 9: Gleitender Durchschnitts-Filter

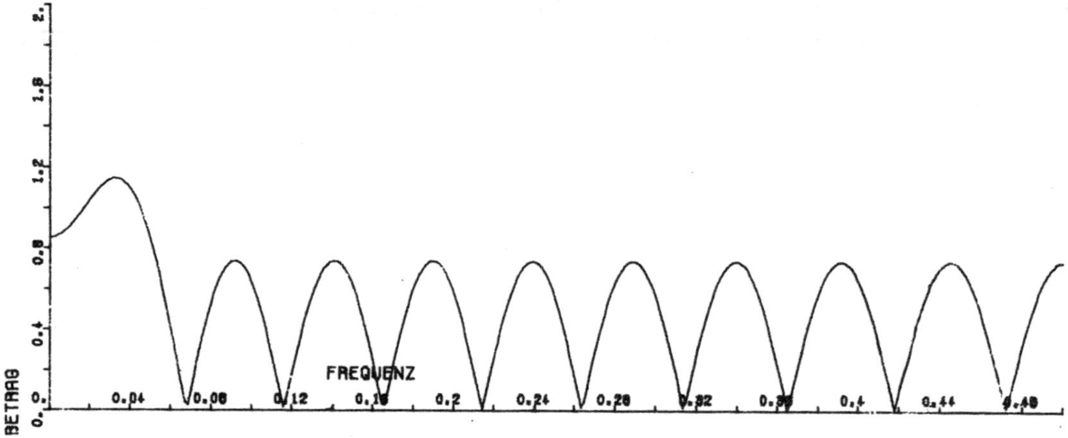

Abb. 10: Transferfunktion des optimalen FIR-Filters der Filterlänge 23 und der Gewichtsrelation 5 : 1

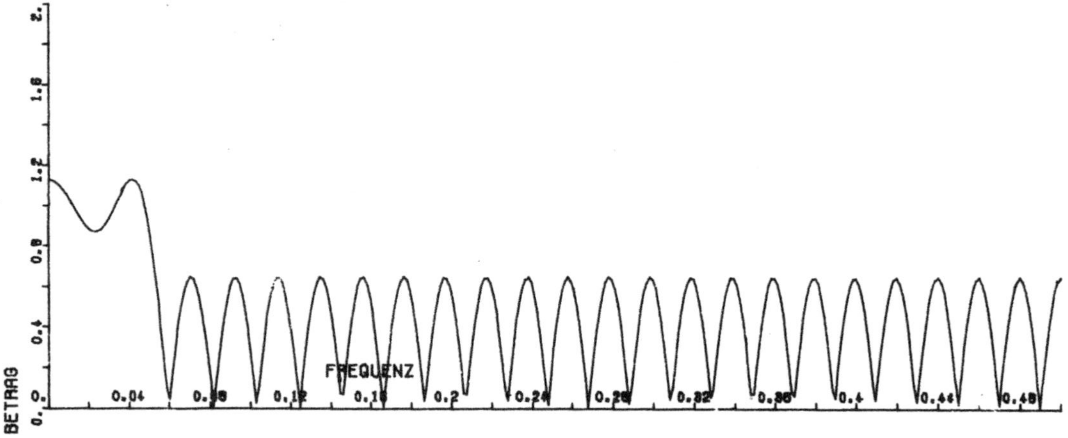

Abb. 11: Transferfunktion des optimalen FIR-Filters der Filterlänge 51 und der Gewichtsrelation 5 : 1

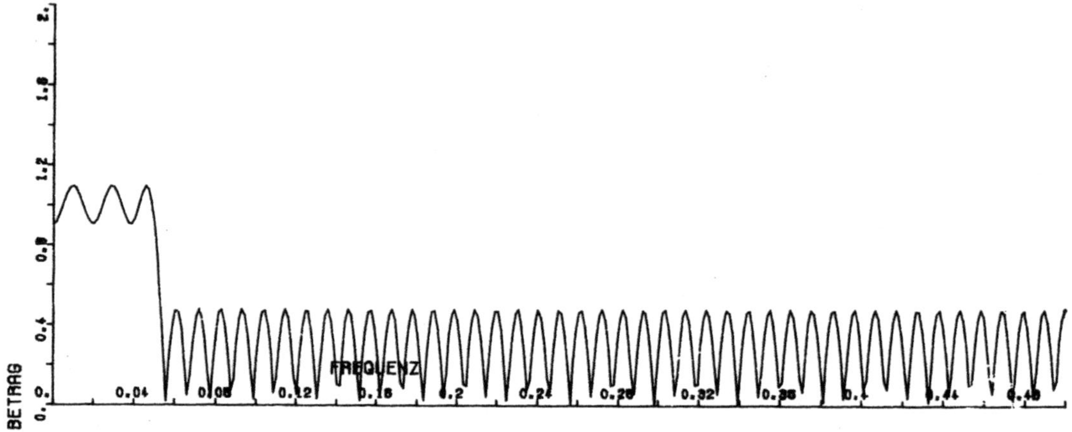

<u>Abb. 12:</u> Transferfunktion des optimalen FIR-Filters der Filterlänge 99 und der Gewichtsrelation 5 : 1

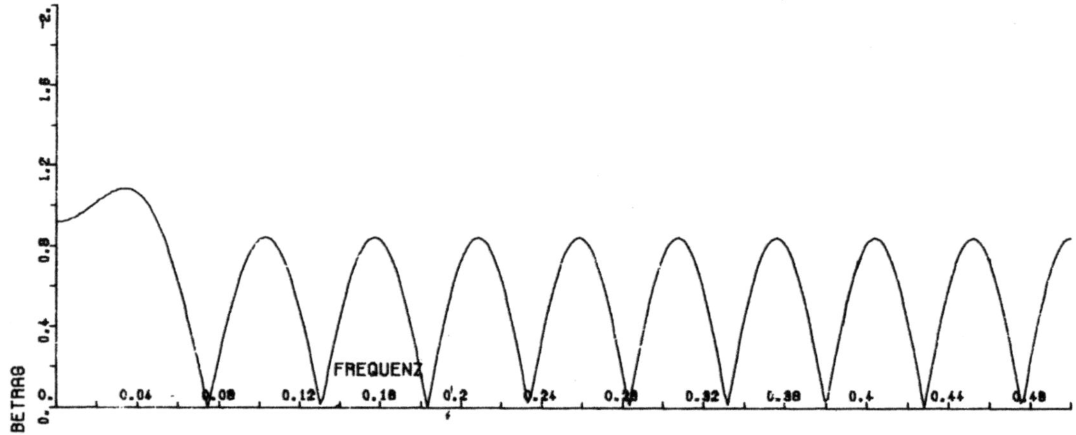

<u>Abb. 13:</u> Transferfunktion des optimalen FIR-Filters der Filterlänge 23 und der Gewichtsrelation 10 : 1

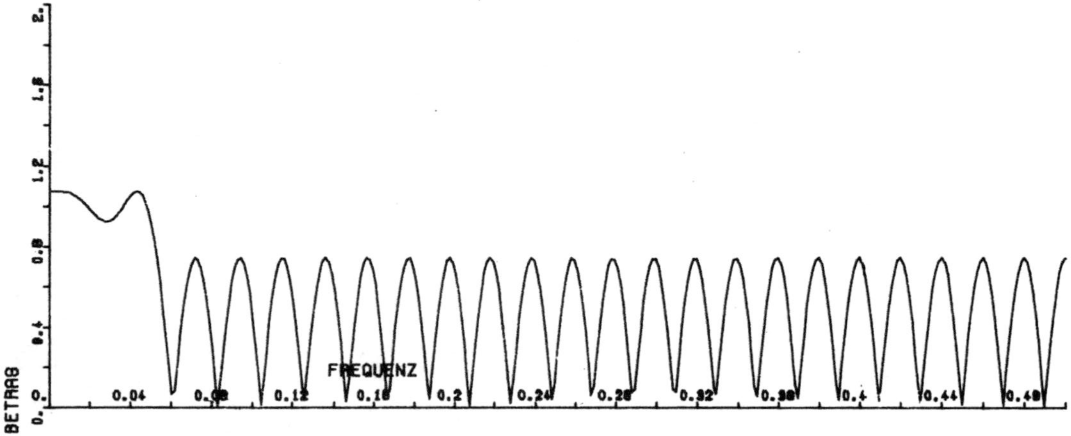

Abb. 14: Transferfunktion des optimalen FIR-Filters der Filterlänge 51 und der Gewichtsrelation 10 : 1

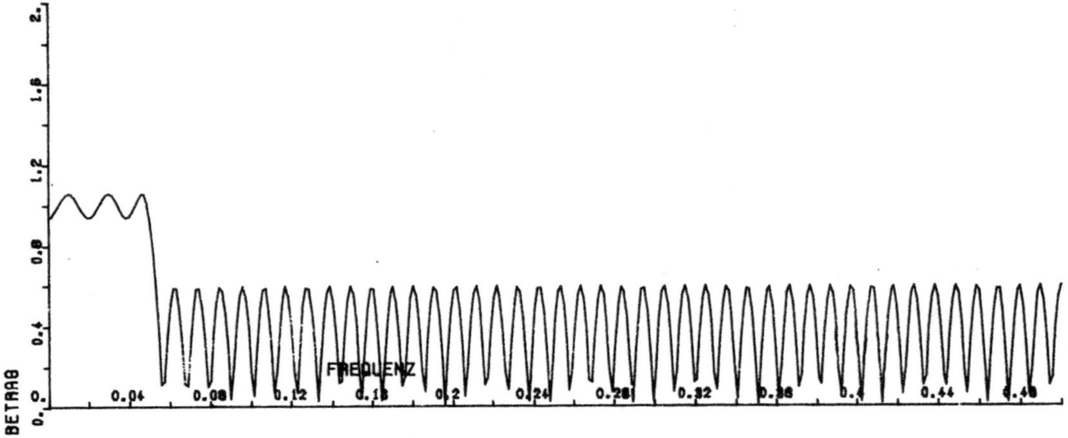

Abb. 15: Transferfunktion des optimalen FIR-Filters der Filterlänge 99 und der Gewichtsrelation 10 : 1

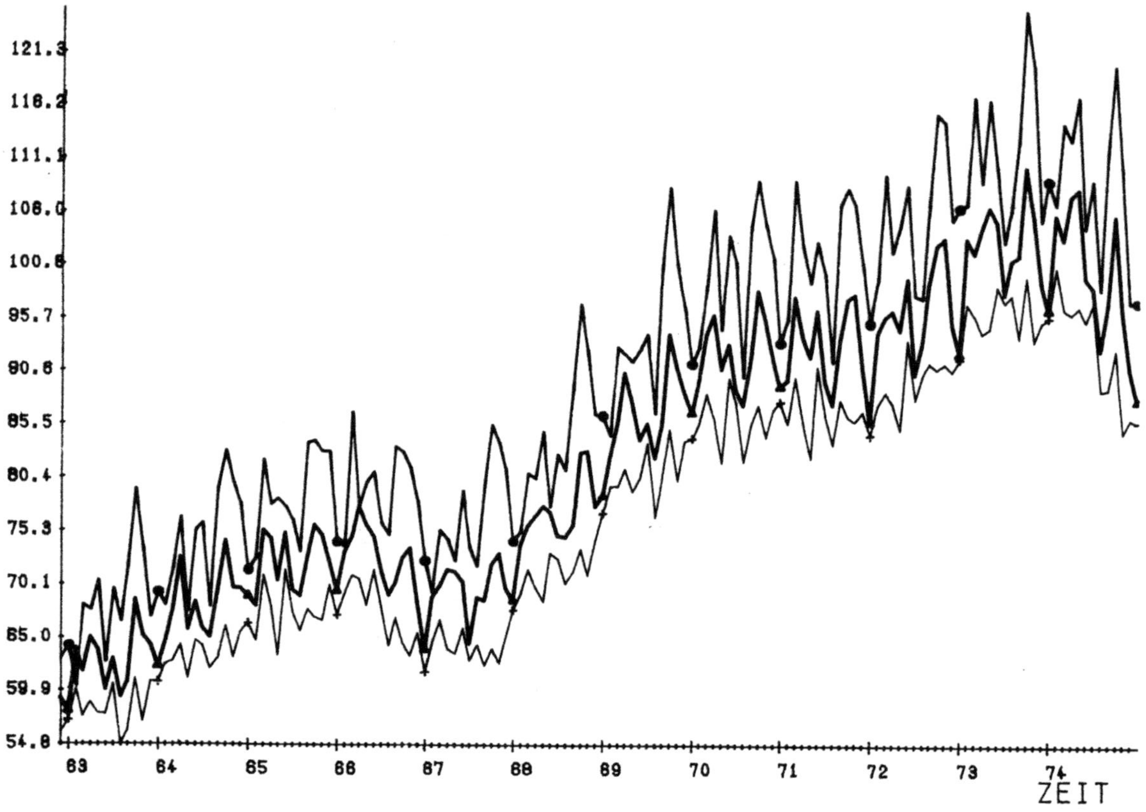

Abb. 16: o Nettoproduktion verarbeitende Industrie gefiltert mit FIR-Tiefpaß (Filterlänge 23)
+ Gewichtsrelation 5 : 1
Δ Gewichtsrelation 10 : 1

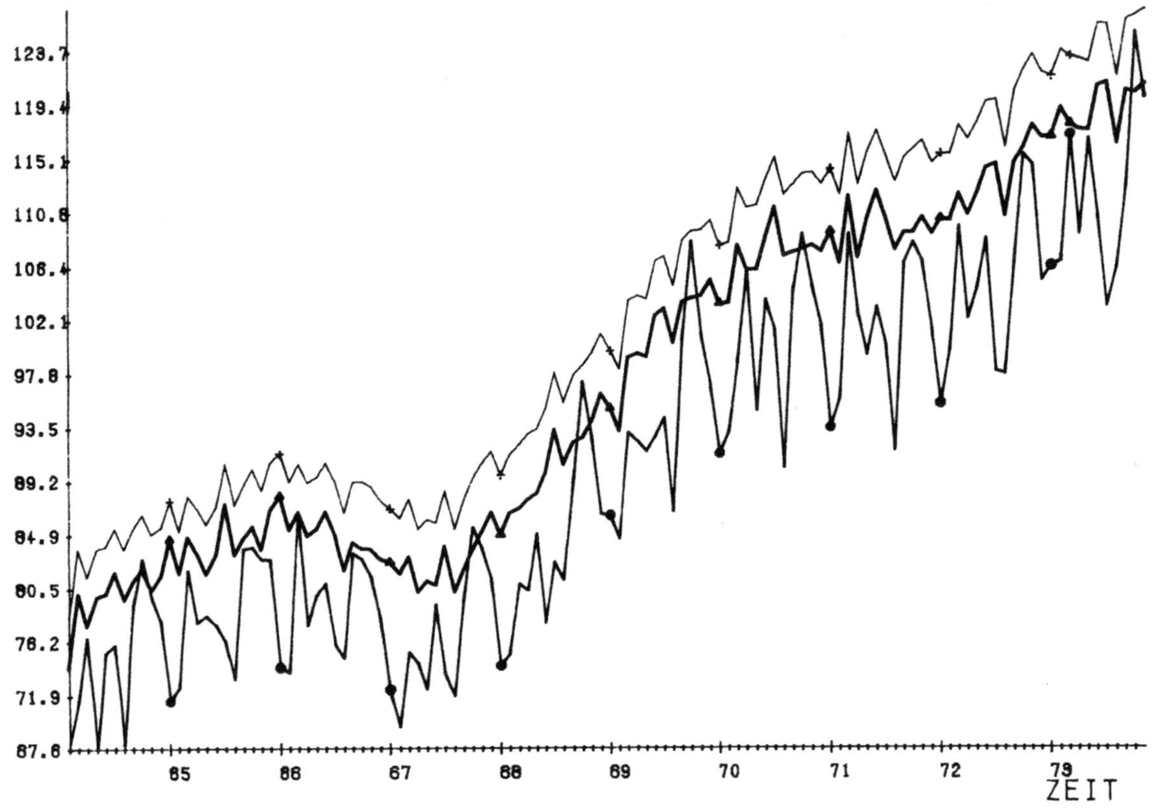

Abb. 17: o Nettoproduktion verarbeitende Industrie gefiltert mit FIR-Tiefpaß (Filterlänge 51)
+ Gewichtsrelation 5 : 1
Δ Gewichtsrelation 10 : 1

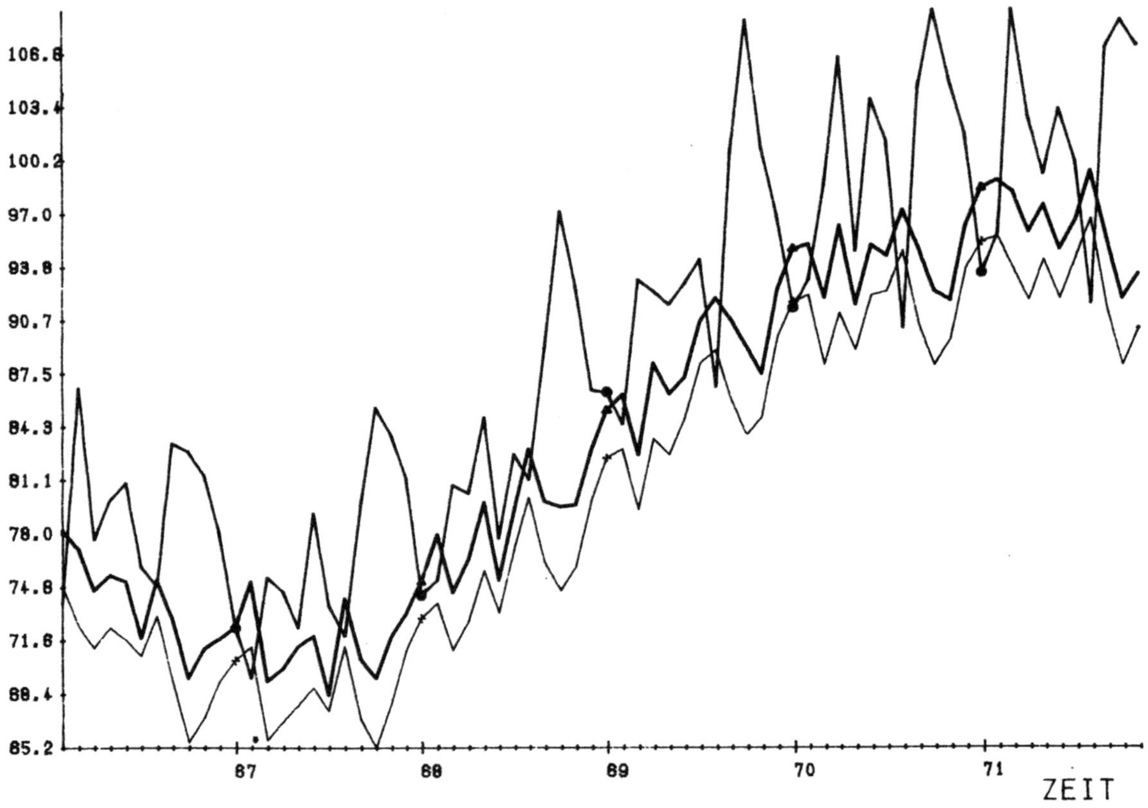

Abb. 18: o Nettoproduktion verarbeitende Industrie
gefiltert mit FIR-Tiefpaß (Filterlänge 99)
+ Gewichtsrelation 5 : 1
Δ Gewichtsrelation 10 : 1

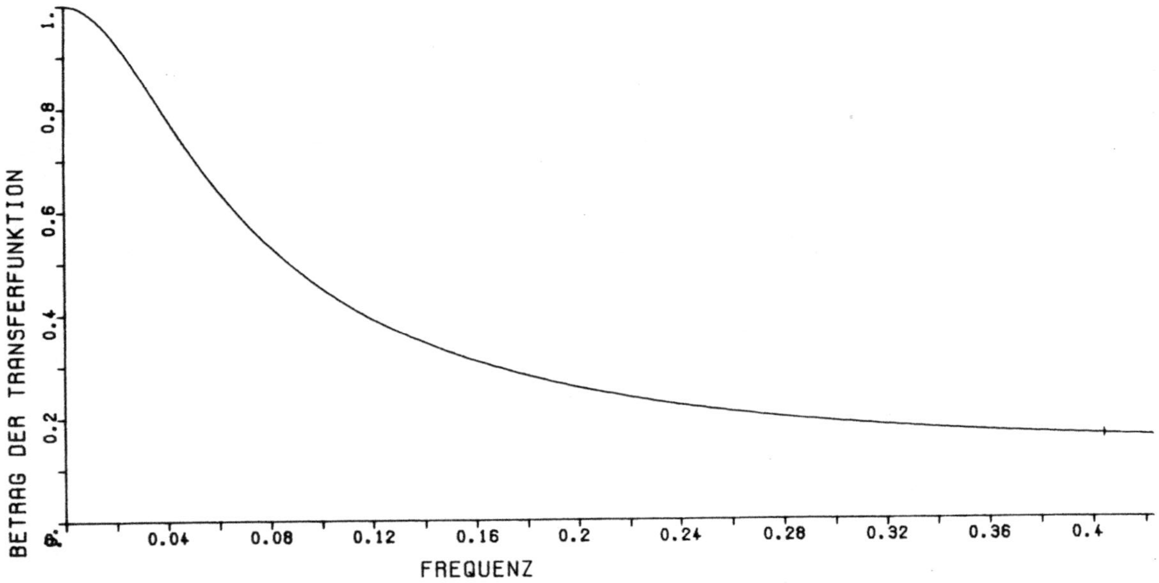

Abb. 19: IIR-Tiefpaß-Filter f_1=0.05, n=1

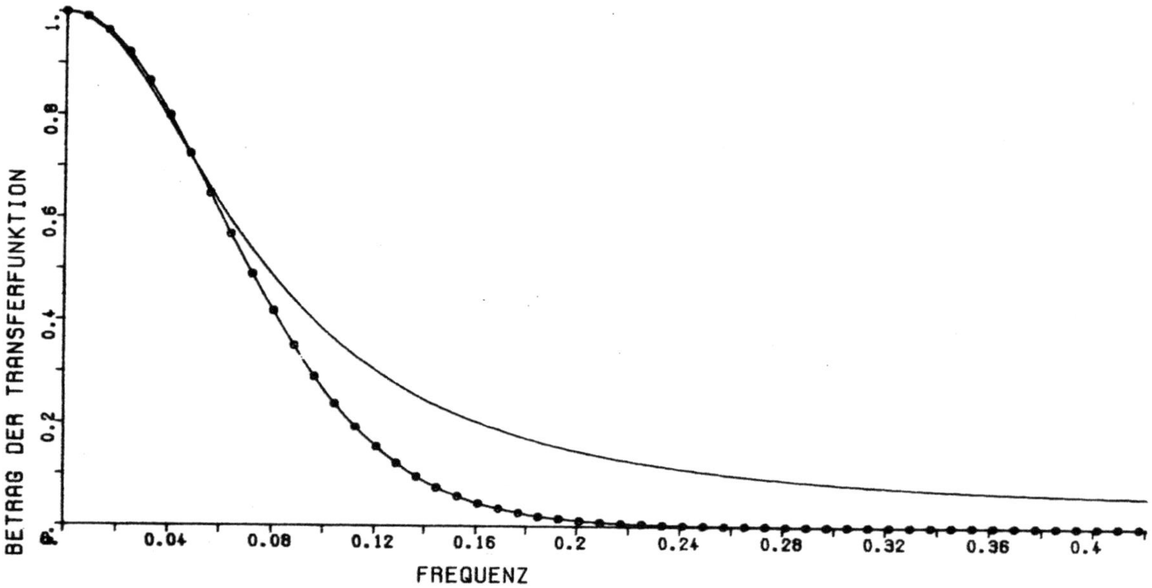

Abb. 20: IIR-Tiefpaß-Filter f_1=0.05, - n=2, o n=45

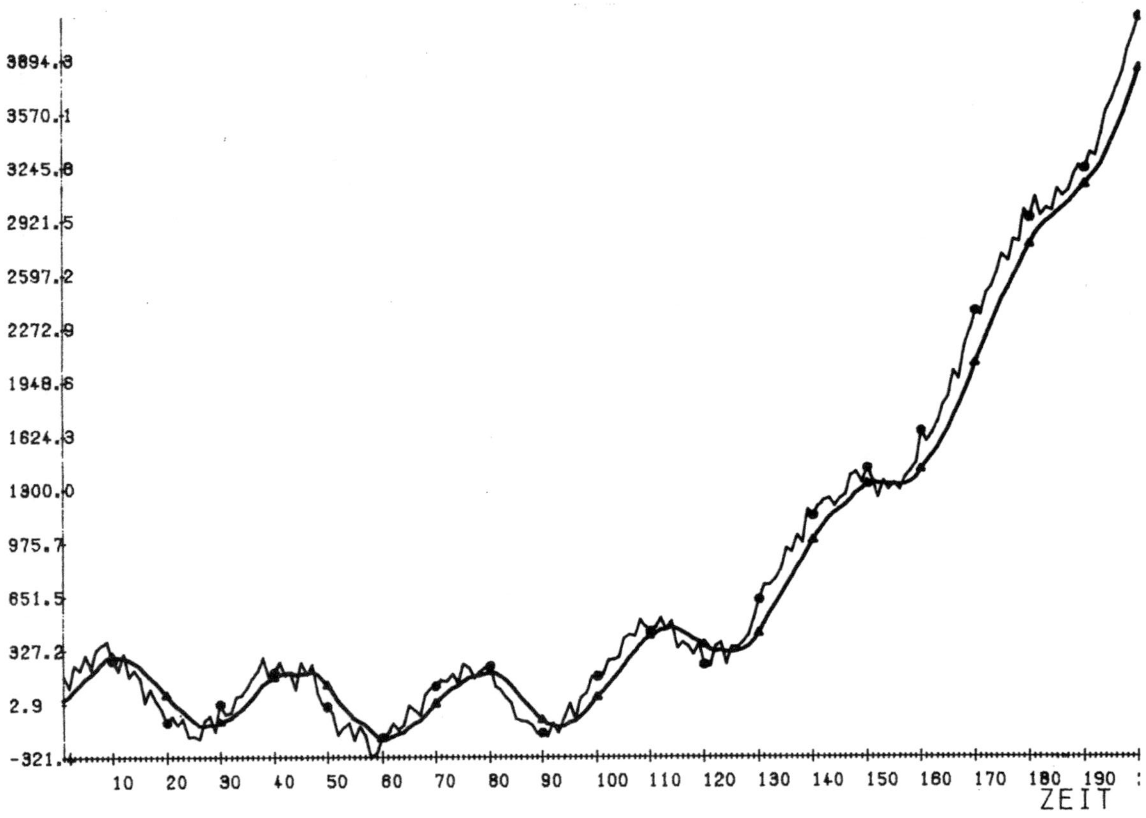

Abb. 21: o Simulationsreihe, Δ gefiltert mit IIR-Tiefpaß, f_1=0.05, n=1

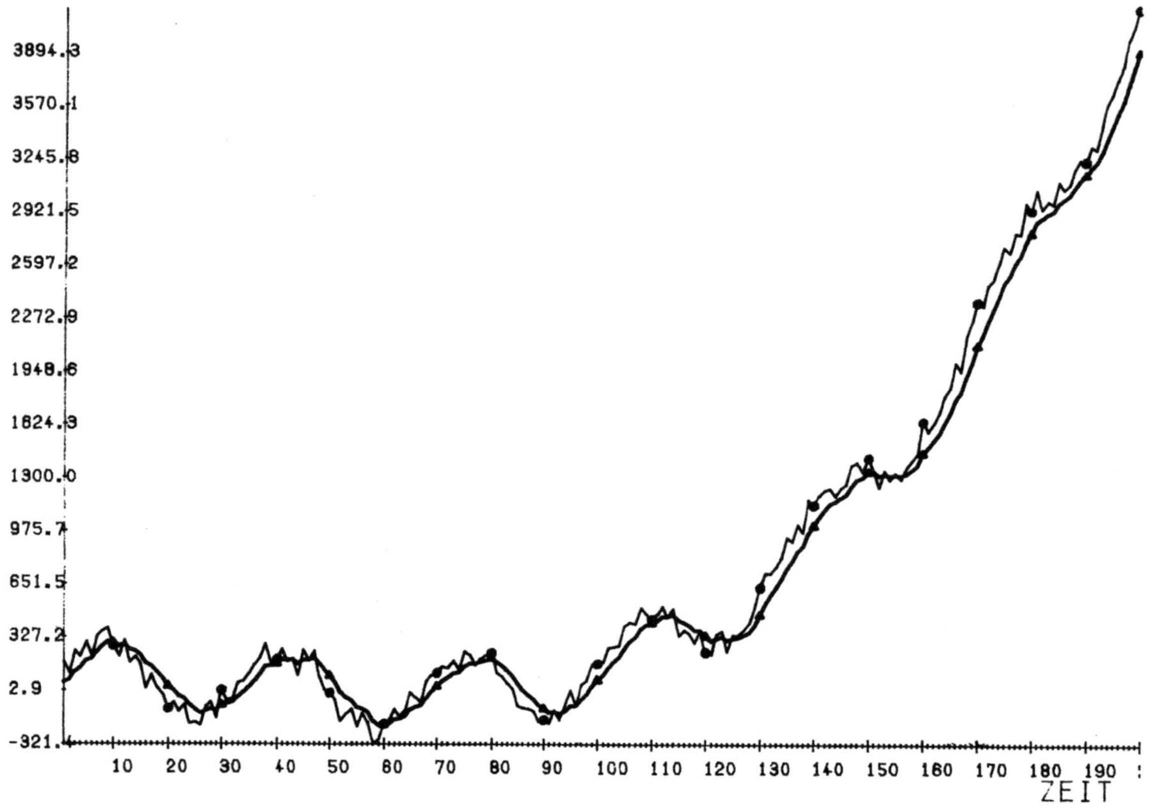

<u>Abb. 22:</u> o Simulationsreihe, Δ gefiltert mit IIR-Tiefpaß, f_1=0.05, n=2

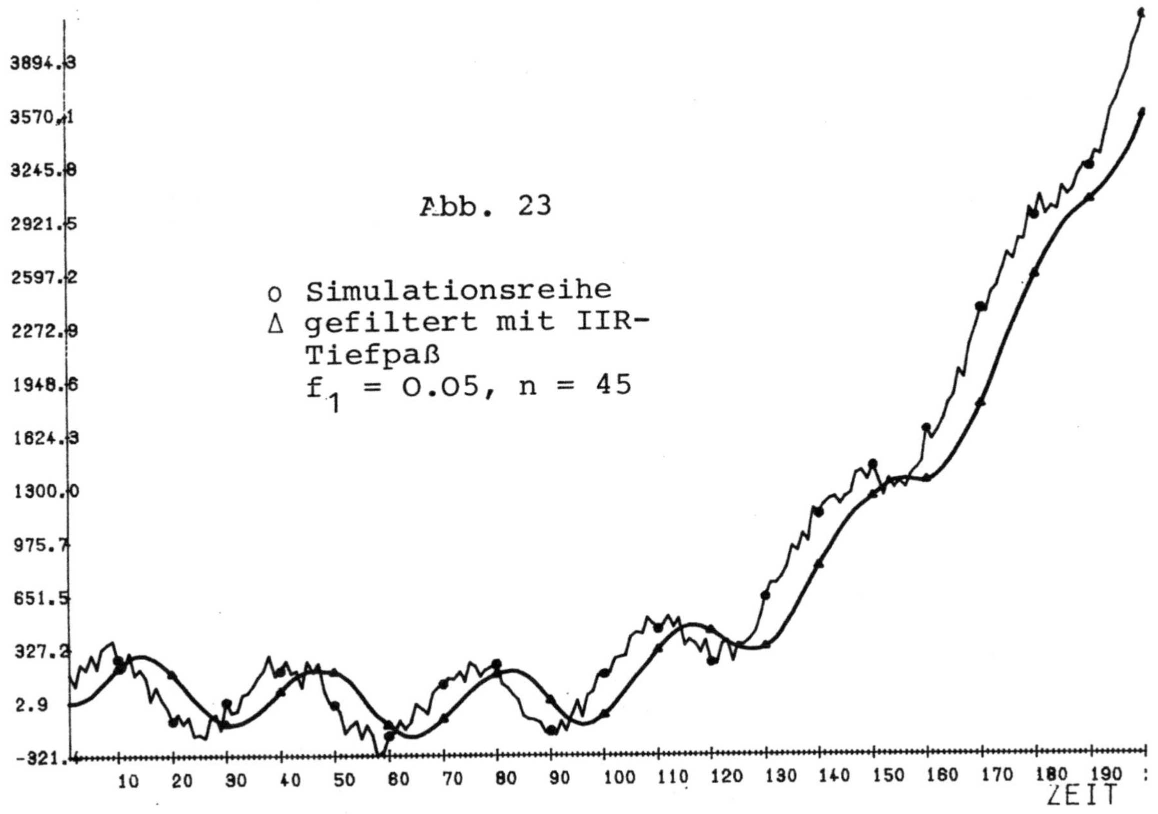

<u>Abb. 23:</u> o Simulationsreihe, Δ gefiltert mit IIR-Tiefpaß, f_1=0.05, n=45

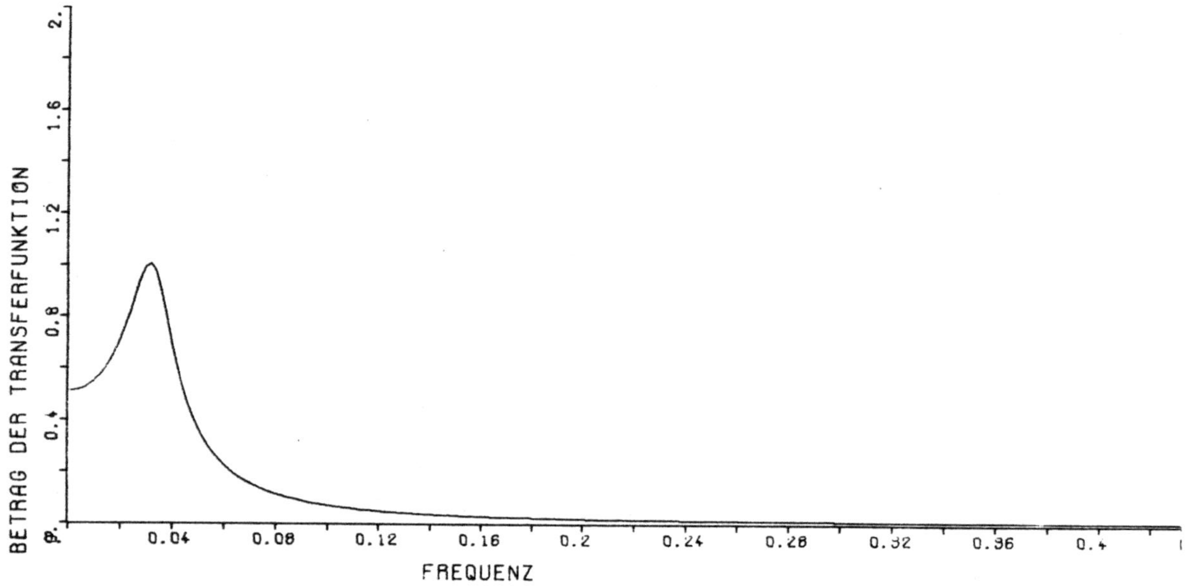

Abb. 24: IIR-Bandfilter n=1; [0.02, 0.04]

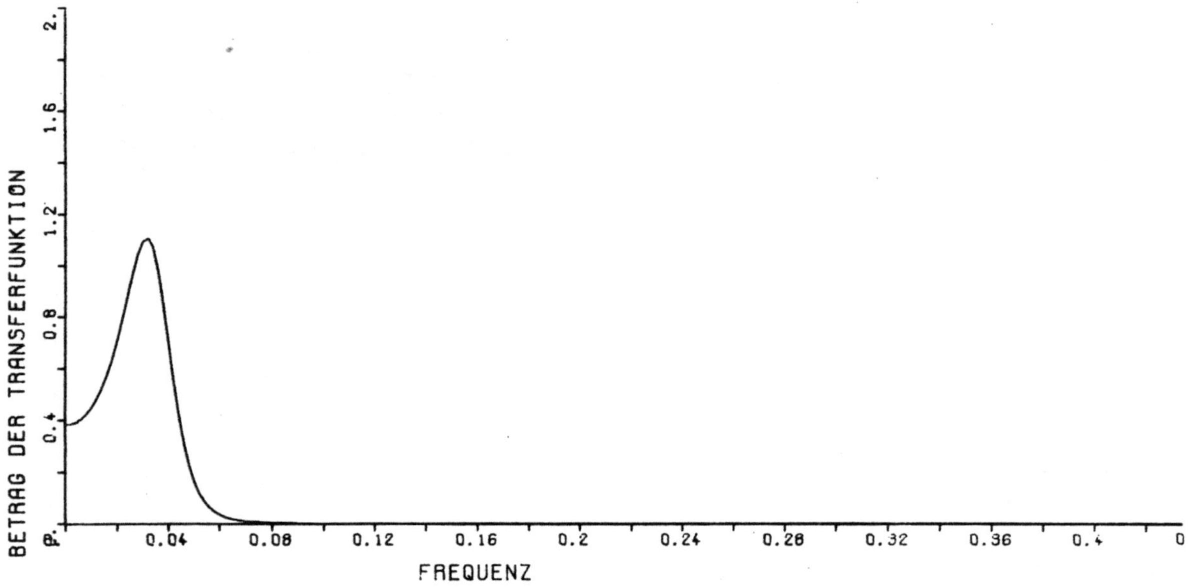

Abb. 25: IIR-Bandfilter n=4; [0.02, 0.04]

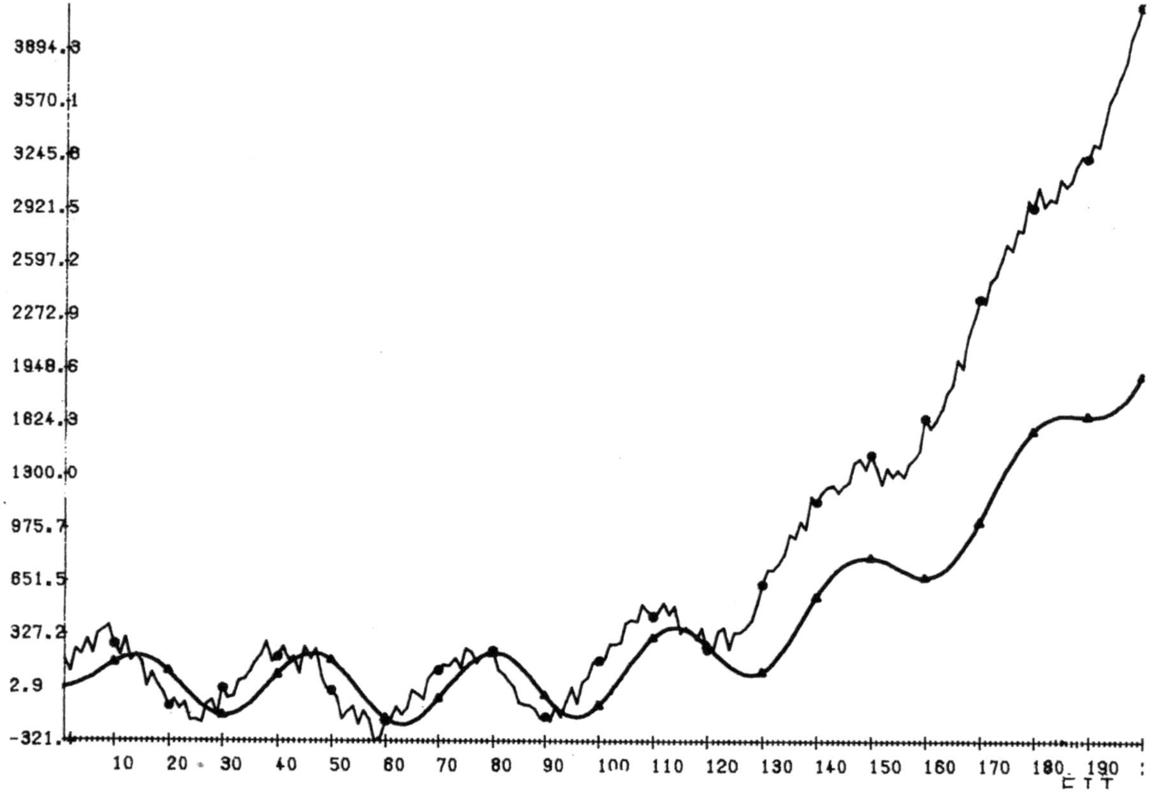

Abb. 26: o Simulationsreihe, Δ gefiltert mit IIR-Bandfilter n=1, [0.02, 0.04]

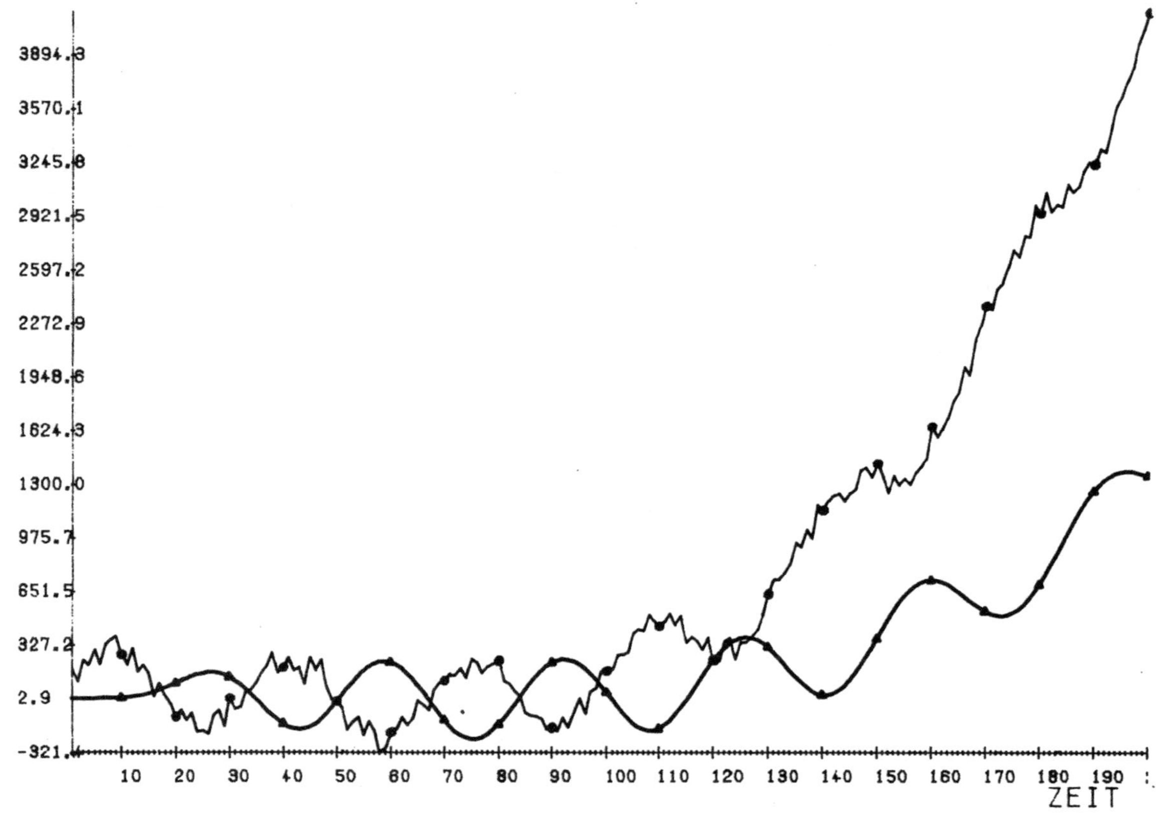

Abb. 27: o Simulationsreihe, Δ gefiltert mit IIR-Bandfilter n=4, [0.02, 0.04]

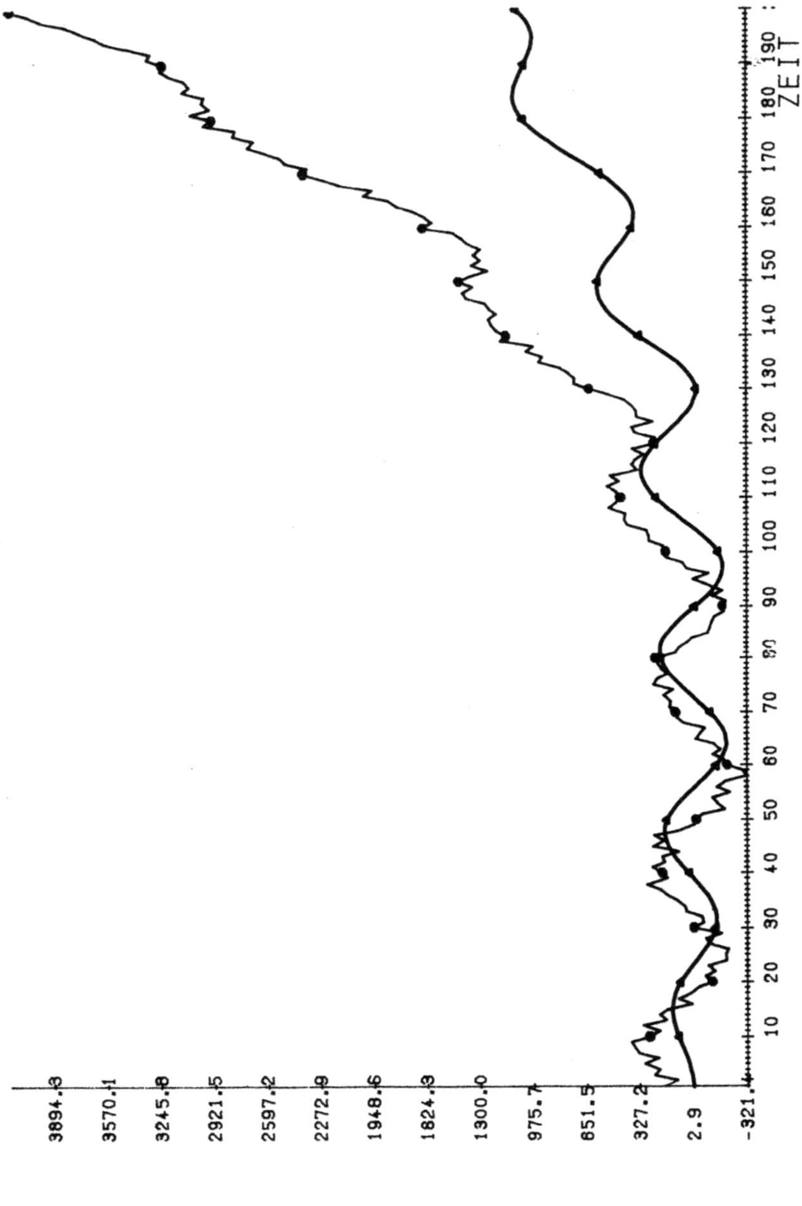

Abb. 28: o Simulationsreihe, Δ gefiltert mit IIR-Bandfilter n=1, [0.025, 0.035]

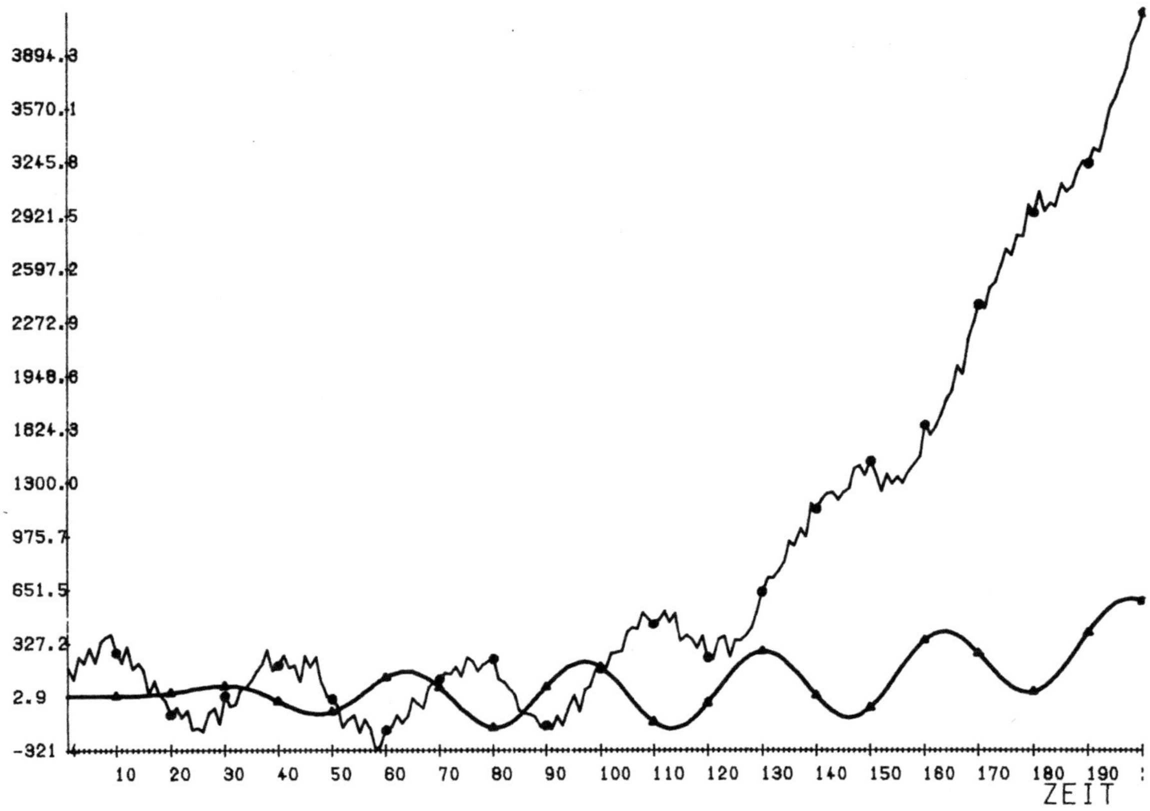

Abb. 29: o Simulationsreihe, Δ gefiltert mit IIR-Bandfilter n=4, [0.025, 0.035]

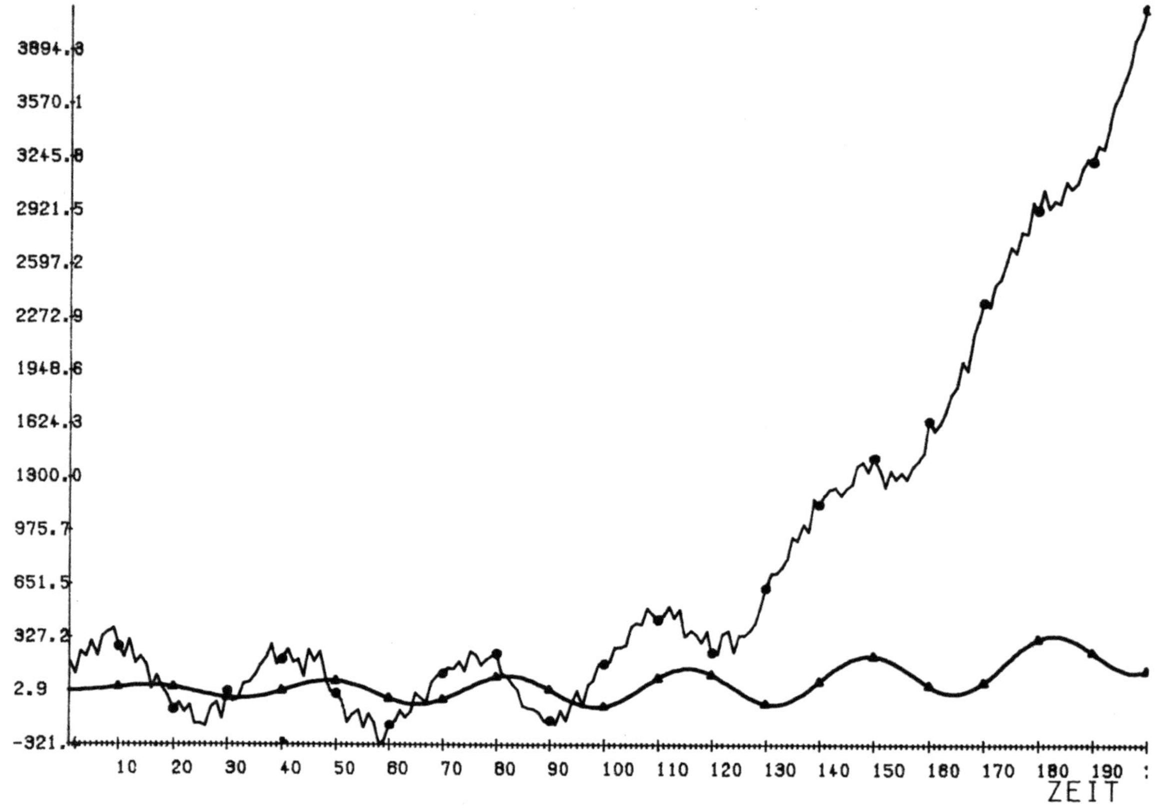

Abb. 30: o Simulationsreihe, Δ gefiltert mit IIR-Bandfilter
n=1, [0.029, 0.031]

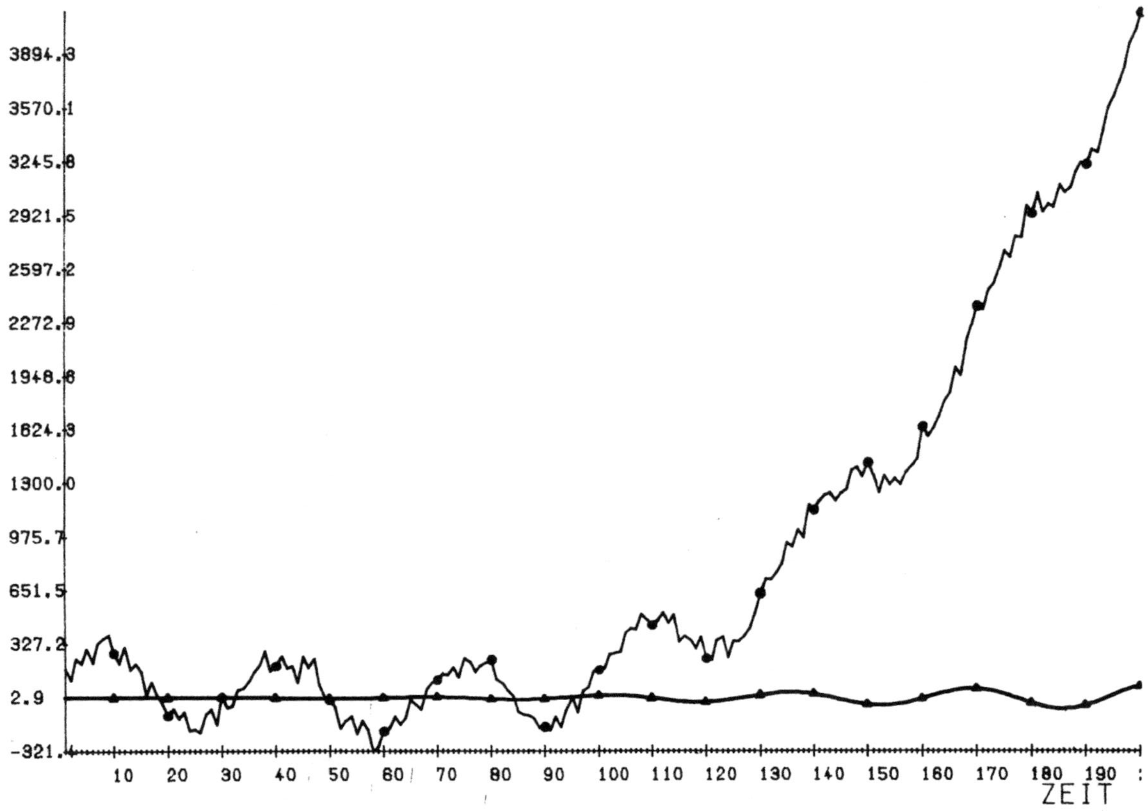

Abb. 31: o Simulationsreihe, Δ gefiltert mit IIR-Bandfilter n=4, [0.029, 0.031]

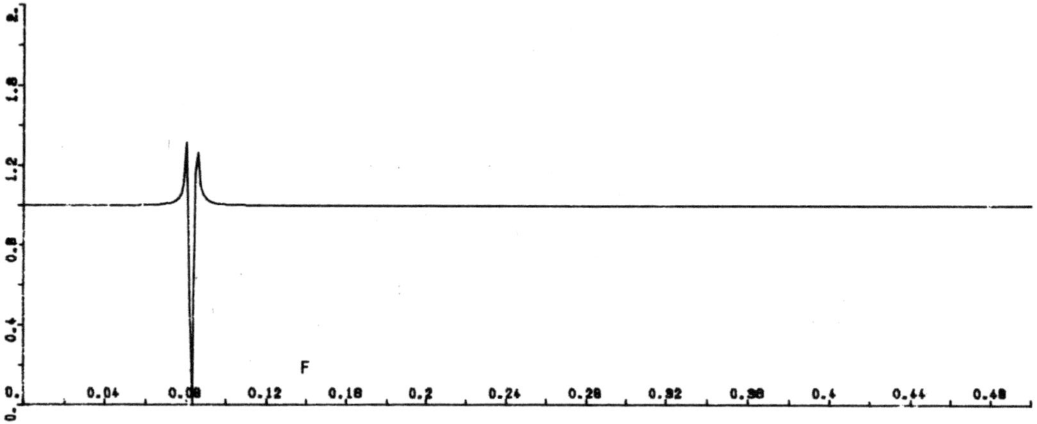

Abb. 32: Transferfunktion des Kerbenfilters mit Δ=0,01 und $\lambda_o = 2\pi/12$

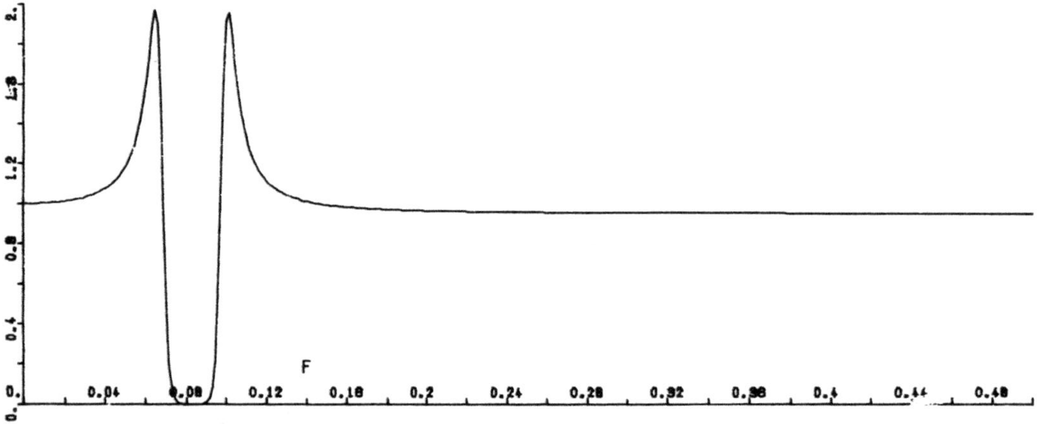

Abb. 33: Transferfunktion des Kerbenfilters mit Δ=0,1 und $\lambda_o = 2\pi/12$

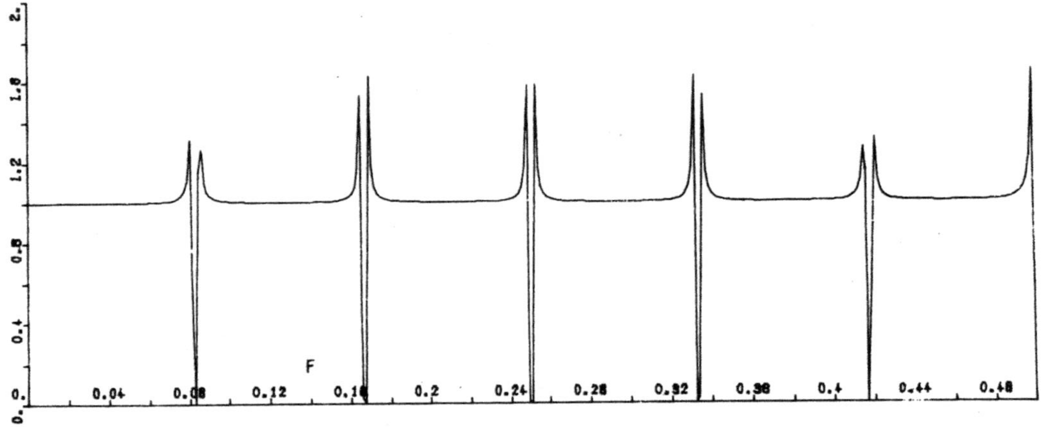

Abb. 34: Transferfunktion des Saisonbereinigungsfilters mit Δ=0,01, α=72°

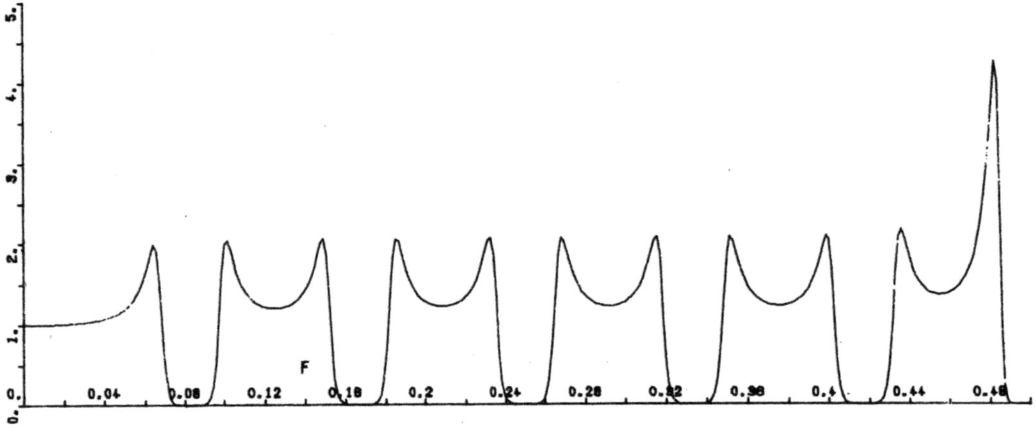

Abb. 35: Transferfunktion des Saisonbereinigungsfilters mit Δ=0,1, α=72°

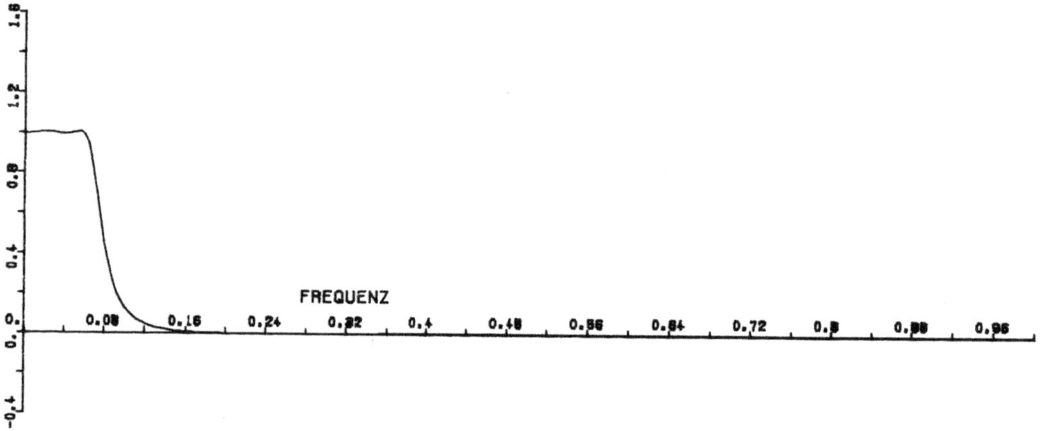

Abb. 36: Transferfunktion optimaler IIR-Tiefpaßfilter der Ordnung 4

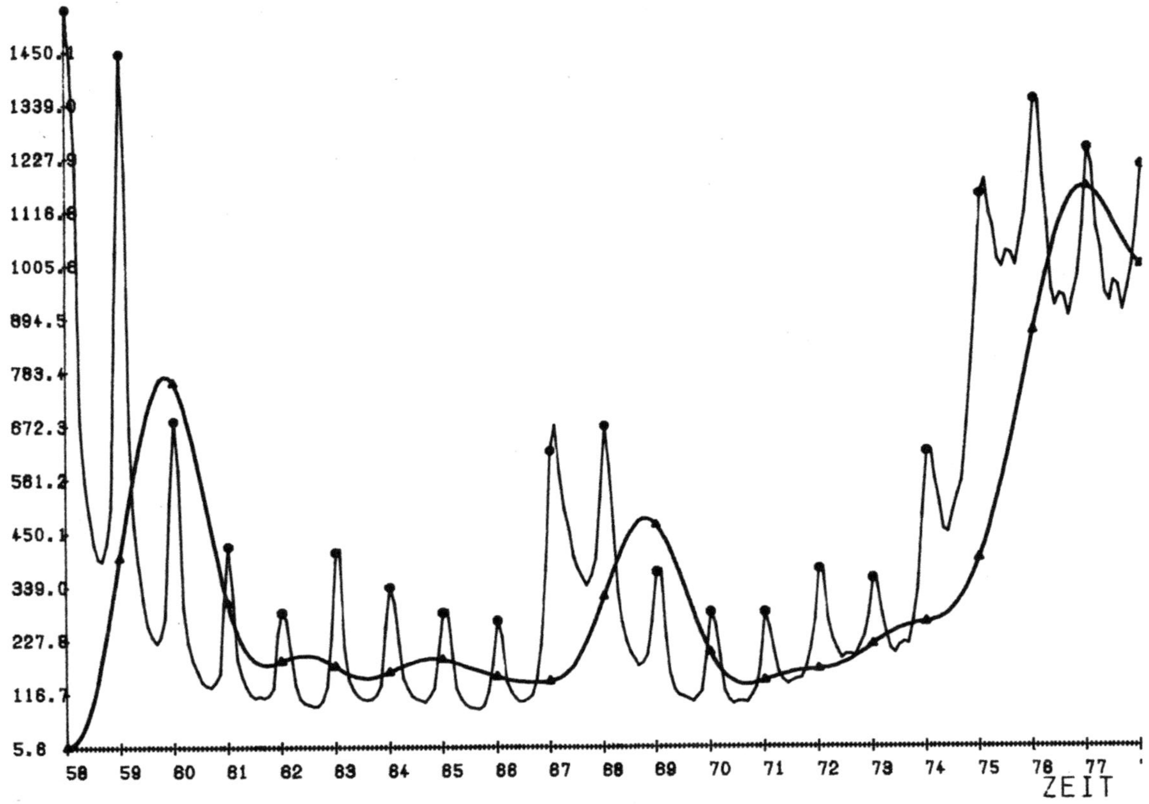

<u>Abb. 37:</u> o Arbeitslose in der Bundesrepublik
Δ gefiltert mit obigem Tiefpaßfilter

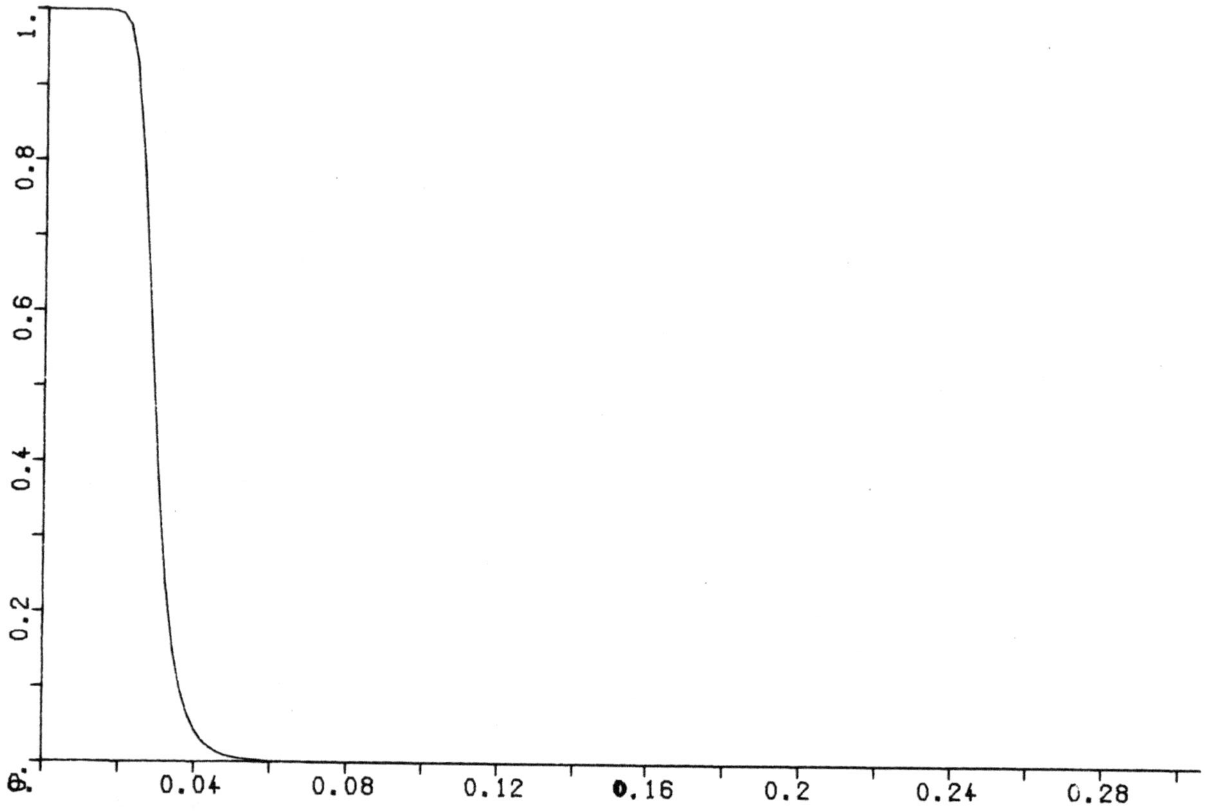

Abb. 38: Transferfunktion Butterworth-Tiefpaßfilter Ordnung 8

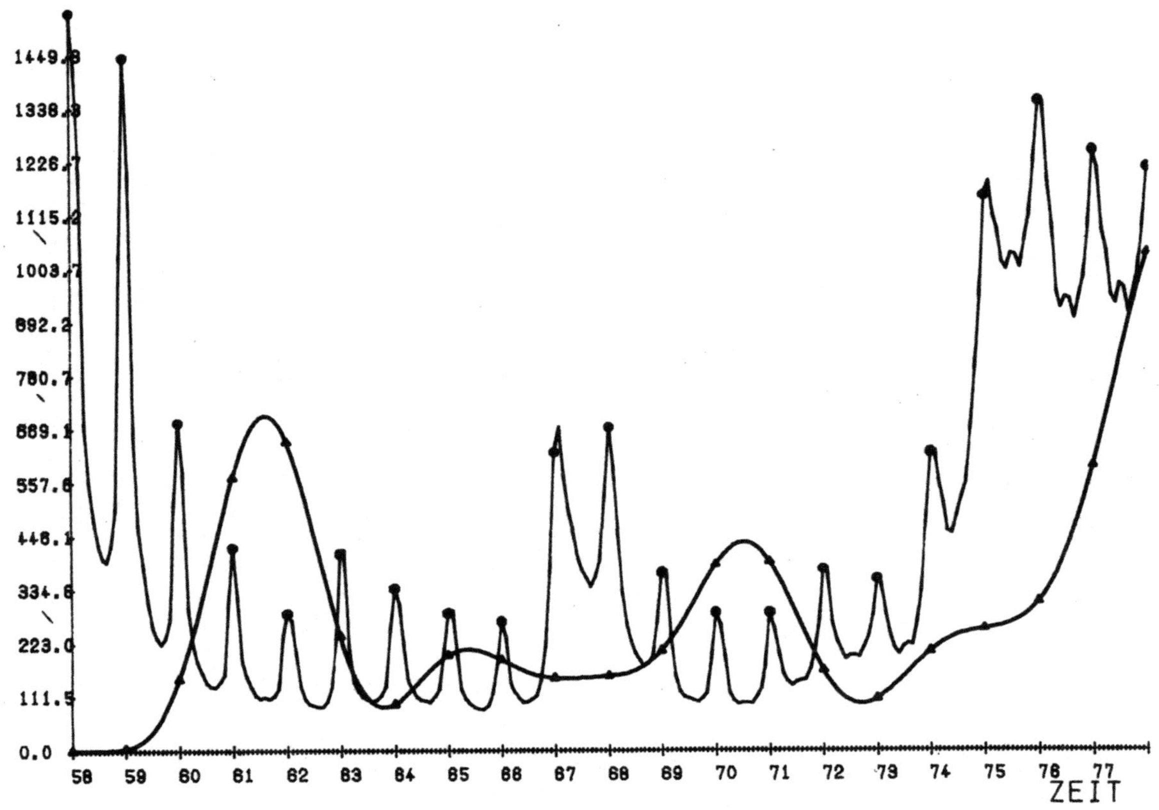

<u>Abb. 39:</u> o Arbeitslose in der Bundesrepublik
Δ gefiltert mit obigem Tiefpaßfilter

LITERATURVERZEICHNIS:

1. ACHIESER, N.I.: Vorlesungen über Approximationstheorie, Berlin 1967.

2. ANDERSON, O. sen.: Probleme der statistischen Methodenlehre, Würzburg 1965.

3. BARY, N.K.: A Treatise on Trigonometric Series, Vol. I, New York 1964.

4. BOX, G.E.P.; JENKINS, G.M.: Time Series Analysis, Forecasting and Control, San Francisco 1970.

5. BRILLINGER, D.R.: Bemerkungen in der Diskussion des papers "Evolutionary Spectra and Non-Rationary Processes" von M.B. Priestley, in: J. Royal Stat. Soc., (B (27) 1965.

6. CADZOW, J.A.: Discrete Time Systems, Englewood Cliffs 1973.

7. FEJÉR, L.: Untersuchungen über Fouriersche Reihen, in: Math. Annalen 58 (1904).

8. FISHMAN, G.S.: Spectral Methods in Econometrics, Cambridge 1969.

9. FREEMAN, H.: Discrete Time Systems, New York 1965.

10. GRANGER, C.W.J.: The Typical Spectral Shape of an Economic Variable, in: Econometrica 34 (1966).

11. GRANGER, C.W.J.; HATANAKA, M.: Spectral Analysis of Economic Time Series, Princeton 1964.

12. HANNAN, E.J.: The Estimation of a Changing Seasonal Pattern, in: Journal of the American Statistical Association 59, 1964.

13. HEILER, S.: Überlegungen zu einem statistischen Modell einer wirtschaftlichen Zeitreihe und einem daraus resultierenden Analyseverfahren, in: DIW-Beiträge zur Strukturforschung, Heft 7, 1969.

14. HERMANN, O.; SCHUESSLER, H.W.: Design of Nonrecursive Digital Filters with Minimum Phase, Elec. Lett., Vol. 6, No. 11, 1970.

15. HOWREY, E.P.: A Spectrum Analysis of the Long-Swing Hypothesis, in: International Economic Review, Vol. 9 (1968).

16. KAISER, J.F.: Digital Filters, in: System Analysis by Digital Computer, herausgeg. v. F.J. Kuo und J.F. Kaiser, New York 1966.

17. KARR, W.: Probleme der Saisonbereinigung bei trendabhängiger Saisonkomponente, in: Mitteilungen aus der Arbeitsmarkt- und Berufsforschung 3, 1975.

18. KNOPP, K.: Theorie und Anwendung der unendlichen Reihen, Berlin 1964.

19. KOOPMANS, L.H.: The Spectral Analysis of Time Series, New York 1974.

20. KÖNIG, H.; WOLTERS, J.: Zum Problem langfristiger Wachstumszyklen: Eine Spektralanalyse der englischen Entwicklung von 1700 - 1913, in: Zeitschrift für die gesamte Staatswissenschaft, Bd. 128 (1972).

21. LANCZOS, C.: Discourse on Fourier Series, London 1966.

22. MEISNER, B.: Gleitende Durchschnitte und Transferfunktionen, in: DIW-Beiträge zur Strukturforschung, Heft 7, 1969.

23. NOURNEY, M.: Empirische Ergebnisse bei der Verbesserung des Berliner Verfahrens der Zeitreihenanalyse, Referat gehalten auf der Tagung des Ausschusses "Neuere statistische Methoden" in Regensburg am 21. 5. 1975.

24. NULLAU, B.: Darstellung des Berliner Verfahrens, in: DIW-Beiträge zur Strukturforschung, Heft 7, 1969.

25. OPPENHEIM, A.V.; SCHAFER, R.W.: Digital Signal Processing, Englewood Cliffs 1975.

26. ORMSBY, J.F.A.: Design of Numerical Filters with Applications to Missile Data Processing, in: J. of the Association of Computing Machinery, Vol. 8, No. 3 (1961).

27. PARKS, T.W.; Mc CLELLAN, J.H.: Chebyshev Approximation for Nonrecursive Digital Filters with Linear Phase, IEEE Trans. Circuit Theory, Vol. CT-19, Mar. 1972.

28. PARZEN, E.: Mathematical Consideration in the Estimation of Spectra, in: Technometrics 3 (1961).

29. PRIESTLEY, M.B.: Evolutionary Spectra and Non-Stationary Processes, in: J. Royal Stat. Soc., B (27) 1965.

30. RABINER, L.R.; GOLD, B.: Theory and Application of Digital Signal Processing, Englewood Cliffs 1975.

31. RABINER, L.R.; KAISER, J.F.; HERMANN, O.; DOLAN, M.T.: Some Comparison between FIR and IIR Digital Filters, in: Bell Syst. Techn. Journ., Vol. 53, No. 2 (1974).

32. RADER, C.M.: On Digital Filtering, in: IEEE Transactions on Audio and Electroacoustics, Vol. AU-16, No. 3, 1968.

33. SCHÄFFER, K.A.: Vergleich der Effizienz von Verfahren zur Saisonbereinigung einer Zeitreihe, in: Beiträge zur Zeitreihenanalyse, Heft 9, 1976 (herausgeg. v. K.A. Schäffer).

34. SCHULTE, H.: Methodische Untersuchungen zum Problem langer Wellen, in Vorbereitung.

35. SLUTZKY, E.: The Summation of Random Causes as the Source of Cyclic Processes, in: Econometrica, Vol. 5 (1937).

36. STEIGLITZ, K.: Computer-Aided Design of Recursive Digital Filters, in: IEEE Trans. Audio Electroacoust., Vol. AU-18, June 1970.

37. STIER, W.: Über eine Klasse von einfachen FIR-Tiefpass-Selektionsfiltern, in: Allgemeines Statistisches Archiv, Heft 3, 1978.

38. WALD, A.: Berechnung und Ausschaltung von Saisonschwankungen, Wien 1936.

39. WEAVER, C.; VON DER GROEBEN, J.; GLAZE, H.J.: Collecting and Processing Vector Electrocardiograms, in: NIH Report Su-SEL-66-122 (1966).

40. WEICHSELBERGER, K.: Über eine Theorie der gleitenden Durchschnitte und verschiedene Anwendungen dieser Theorie, in: Metrika 8, 1964.

FORSCHUNGSBERICHTE
des Landes Nordrhein-Westfalen

Herausgegeben
im Auftrage des Ministerpräsidenten Heinz Kühn
vom Minister für Wissenschaft und Forschung Johannes Rau

Die „Forschungsberichte des Landes Nordrhein-Westfalen" sind in zwölf Fachgruppen gegliedert:

Geisteswissenschaften
Wirtschafts- und Sozialwissenschaften
Mathematik / Informatik
Physik / Chemie / Biologie
Medizin
Umwelt / Verkehr
Bau / Steine / Erden
Bergbau / Energie
Elektrotechnik / Optik
Maschinenbau / Verfahrenstechnik
Hüttenwesen / Werkstoffkunde
Textilforschung

WESTDEUTSCHER VERLAG
5090 Leverkusen 3 · Postfach 30 06 20

GPSR Compliance

The European Union's (EU) General Product Safety Regulation (GPSR) is a set of rules that requires consumer products to be safe and our obligations to ensure this.

If you have any concerns about our products, you can contact us on ProductSafety@springernature.com

In case Publisher is established outside the EU, the EU authorized representative is:

Springer Nature Customer Service Center GmbH
Europaplatz 3
69115 Heidelberg, Germany

Batch number: 10809636

Printed by Printforce, the Netherlands